„Durchstarten“ stellt sich vor

Für wen dieses Buch gedacht ist

„Ich finde, Schreiben ist spannender, als ein Buch zu lesen. Ich kann mir selbst aussuchen, was passiert und wie es passiert und warum.“
Wie der Schüler Christoph, von dem dieser Satz stammt, sind auch wir überzeugt: Schreiben macht Spaß und schreiben kann jeder.
Mit diesem Buch möchten wir **Schülerinnen und Schülern ab dem 5. Schuljahr** Lust aufs Schreiben machen. Vielfältige, oft nur kurze Anregungen und gelungene Beispiele (auch von Kindern deines Alters) sollen dir vermitteln: Das kann ich auch.
Schreiben ist auch Spielen – mit Wörtern und Sätzen: Daher haben wir viele spielerische Formen eingebaut. **„Schreiben, einfach so“** haben wir das genannt.

Wie dieses Buch aufgebaut ist

Mit Hilfe des **Inhaltsverzeichnisses** findest du die Kapitel, die für das 5. und 6. Schuljahr am wichtigsten sind. Alle größeren Kapitel haben den gleichen Aufbau: Zuerst sammelst du **Einfälle**, dann **ordnest** du sie in Erzählschritte. Der nächste Schritt ist das **Schreiben** deines Textes. Schließlich nimmst du diesen nochmals genau **unter die Lupe**. Auch zum Lesen und Verstehen von Texten findest du ein Kapitel.

Wie du mit diesem Buch arbeiten kannst

- *„Bevor ich schreibe, muss alles passen: der Stift, mit dem ich schreibe, das Papier, auf das ich schreibe, aber auch die Umgebung“*, sagt Christoph von sich. Gestalte auch du zuerst deinen **Schreibplatz** so, dass du dich wohlfühlst.
- Viele Übungen kannst du direkt ins Buch schreiben. Für die übrigen solltest du dir ein **Heft** oder ein „Schreibbuch“ anlegen.
- Die meisten Übungen sind nicht nur für die Art von Aufsätzen nützlich, bei denen sie stehen, sondern auch für andere Arten. Das gilt besonders für die Übungen „Nimm deinen Text unter die Lupe“. Diese kannst du **unabhängig vom jeweiligen Kapitel** ausführen.
- Beim Schreiben von Texten gibt es selten ein Richtig oder Falsch. Das **Lösungsheft** bietet daher manchmal keine Lösungen oder nur ein gelungenes Beispiel. Lass deine Texte möglichst oft jemanden lesen oder lies sie selbst vor.

Das Durchstarten-Team wünscht dir eine erfolgreiche Reise in die Wunderwelt der Wörter und Sätze!

DURCH STARTEN

DEUTSCH AUFSATZTRAINING

FÜR DIE 5. UND 6. SCHULSTUFE

Verfasst von Nicola Peherstorfer, Elisabeth Radlmair, Ingrid Rathner, Jürgen Tobisch, Johann Waser

Entspricht der Rechtschreibreform 2006

Diesem Buch ist ein Lösungsheft zu den Übungen beigelegt.

Bibliografische Information der Deutschen Bibliothek
Die Deutsche Bibliothek verzeichnet diese Publikation in der Deutschen Nationalbibliografie; detaillierte bibliografische Daten sind im Internet über http://dnb.ddb.de abrufbar.

1. Auflage 2009
ISBN: 978-3-7058-7133-5

Lektorat: Klaus Kopinitsch
Grafische Gestaltung: Gottfried Moritz
Illustrationen: Helmut »Dino« Breneis
Satz: Anton Froschauer
Herstellung: Julia Pölzgutter
Druck und Bindung: LVDM Landesverlag Denkmayr, Linz

Gedruckt in Österreich auf umweltfreundlich hergestelltem Papier

Inhaltsverzeichnis

Für manche Übungen und Spiele, die mit Sprache zu tun haben, kann man auch den Körper einsetzen.

In die Luft malen

Stelle dich auf beide Beine, verteile das Gewicht gleichmäßig und atme tief, ruhig und regelmäßig. Strecke nun die Hand, mit der du schreibst, nach vorne aus und male in die Luft eine liegende Acht. Beginne mit einer kleinen Acht und lass sie in ruhigen Bewegungen immer größer werden, so groß, wie du sie mit deinem ausgestreckten Arm eben malen kannst. Dein Kopf und dein Oberkörper sollen dabei ganz ruhig bleiben, nur die Augen folgen der Acht, die du in die Luft malst!

Wenn dein Arm schon ein bisschen weh tut, schüttle ihn aus und nimm den anderen.

In die Luft schreiben

Stelle dich wieder so hin wie bei der Übung mit der liegenden Acht. Atme wieder regelmäßig und achte darauf, dass du dein Gewicht auf beide Beine gleichmäßig verteilt hast. Kannst du mit deinen Fußsohlen den Boden spüren?

Strecke nun beide Arme nach vorne und male die Ziffern in die Luft. Das Besondere dabei ist, dass du die Ziffern mit der Hand, die nicht deine Schreibhand ist, in Spiegelschrift malst.

Wenn du es recht gut kannst, dann zeig das „Kunststück" jemandem aus deiner Familie. Schreibe die Ziffern in beliebiger Reihenfolge in die Luft und lass die anderen raten! Mit etwas Übung kannst du ganze Wörter und Sätze schreiben. Das ist für die anderen dann schon sehr schwer zu erraten!

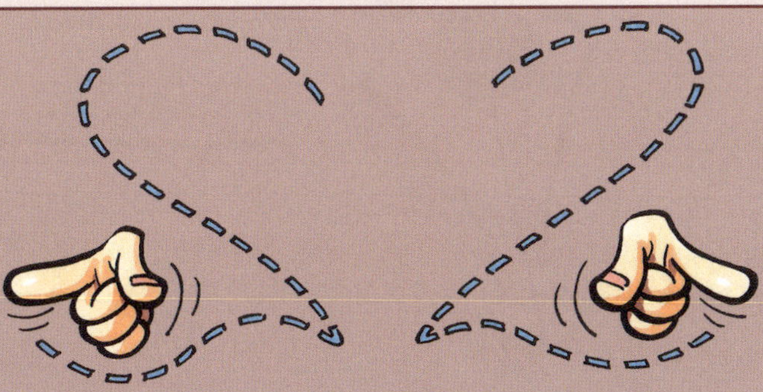

GESCHICHTEN ENTDECKEN UND ERZÄHLEN

GESCHICHTEN WOLLEN ENTDECKT WERDEN

GESCHICHTEN VON TIEREN

1

ÜBUNG

Zähle alle Tiere auf, die du auf dem Bild siehst.
Wie viele Hennen sind es?
Welche Tiere könnten sich außerdem auf diesem Platz oder im Boden tummeln, ohne dass du sie siehst?

2 ÜBUNG

Alle Hühner fressen oder eilen zum Futterplatz. Nur ein Huhn scheint sich nicht für das Futter zu interessieren. Was wird es sich denken? Schreibe die Gedanken auf.

3 ÜBUNG

Such dir ein bestimmtes Huhn auf dem Bild aus: Was willst du es fragen?

Legst du wirklich jeden Tag ein Ei?

4 ÜBUNG

Stell dir vor, das Huhn kann mit dir sprechen! Was wird es dir sagen? Formuliere zu deinen Fragen der vorigen Übung mögliche Antworten.

Na ja, jeden Tag schaffe ich es nicht, aber fast jeden Tag.

5 ÜBUNG

Lass vier Hühner einen ganz eigenen Rhythmus picken.
Klopfe jeden Rhythmus vorher mit den Fingerspitzen auf den Tisch, dann schreibe ihn so auf:

pick – pickpick – pick, pick – pickpick – pick

pick – ____________________

pick – ____________________

pick – ____________________

Suche dir jetzt den schwierigsten Rhythmus aus und klopfe ihn jemandem aus deiner Familie so deutlich auf den Rücken, dass er oder sie ihn auf dem Tisch nachklopfen kann.

6 ÜBUNG

Stelle dir vor, der Hahn bereitet morgen das Frühstück für deine Familie vor. Was wirst du auf dem Frühstückstisch finden, wenn du aufstehst?
Zeichne den gedeckten Tisch, bevor du ihn beschreibst.

In der Mitte steht eine Schüssel mit vielen Maiskörnern.

____

____

____

7 ÜBUNG

Lies folgende Zeilen durch und beantworte dann – mit viel eigener Fantasie – die Fragen, die darunterstehen. Im Lösungsheft findest du einige Ideen dazu.

Eines Morgens wachte Rosalinda, die jüngste Henne auf Grünmayrs Hühnerhof, aus ihren wilden Träumen auf. Da stellte sie erschrocken fest, dass sie in ein kleines Mädchen verwandelt worden war.

- Wonach wird Rosalinda sich besonders sehnen, wenn sie plötzlich keine Henne mehr ist?

- Was wird ihr gefallen, wenn sie ein Mädchen ist?

- Was werden sich die anderen Hühner denken?

8 **ÜBUNG**

Schau dir das Bild auf Seite 7 ganz genau an.
Nun stelle dir vor, du bist an diesem Ort. Welche Geräusche wirst du hören? Woher kommen die Geräusche?

Beispiel: Die Hühner scharren im trockenen Stroh.

9 **ÜBUNG**

Zeichne rund um das Bild herum, was du noch alles sehen kannst.

10 ÜBUNG

Bemale das Bild von Seite 11 mit verrückten Farben.
Erzähle dann, was man auf deinem neuen Bild alles sehen kann.

Das grün-rot gestreifte Huhn spaziert friedlich auf und ab ... ______________________

____

____

____

11 ÜBUNG

In den folgenden Abbildungen sind wichtige Teile des Wortes als Bild dargestellt. Was bedeutet das Wort?

Baum  ______________________

Hahnen  ______________________

Schnecken  ______________________

Pfauen  ______________________

Wasser  ______________________

Regen  ______________________

12

ÜBUNG

Du findest hier eine Menge Fragen, die alle Bea, das Mädchen auf dem Foto von Seite 7, betreffen.
Lass dir passende Antworten einfallen und schreibe sie als Stichwörter auf die nächste Seite.

- Was macht Bea, wenn sie nicht Hühner füttert?
- Was muss ihr Bruder Boris sagen, damit Bea sich ganz besonders ärgert?
- Wie überredet sie ihre Eltern, damit sie fernsehen darf?
- Was sagt sie zu ihren Eltern, damit sie sich zum Computer setzen darf?
- Wer sagt in der Familie zuerst „Guten Morgen!"? Bea, Boris, die Mama oder der Papa?
- Wer weckt sie dann auf?
- Kämmt sie sich gerne die Haare?
- Mag sie die violette Hose?
- Hat ihr Boris wieder das Nutellaglas vor der Nase weggeschnappt?
- Wie schaut Bea, während sie die Hühner füttert?
- Worauf freut sie sich in den Weihnachtsferien am meisten?
- Was kocht Oma zu Beas Geburtstag?
- Welches Kleidungsstück trägt Bea am liebsten?
- Welche Farbe hat es?
- Was sammelt Bea?
- Welcher Satz steht ganz oft in Beas Tagebuch?
- Kann Bea ein Musikinstrument spielen? Welches?
- Wie viele Bücher hat Bea in ihrem Leben schon gelesen?
- Welchen Wunsch haben ihre Eltern ihr immer noch nicht erfüllt, obwohl sie schon so oft darum gebettelt hat?

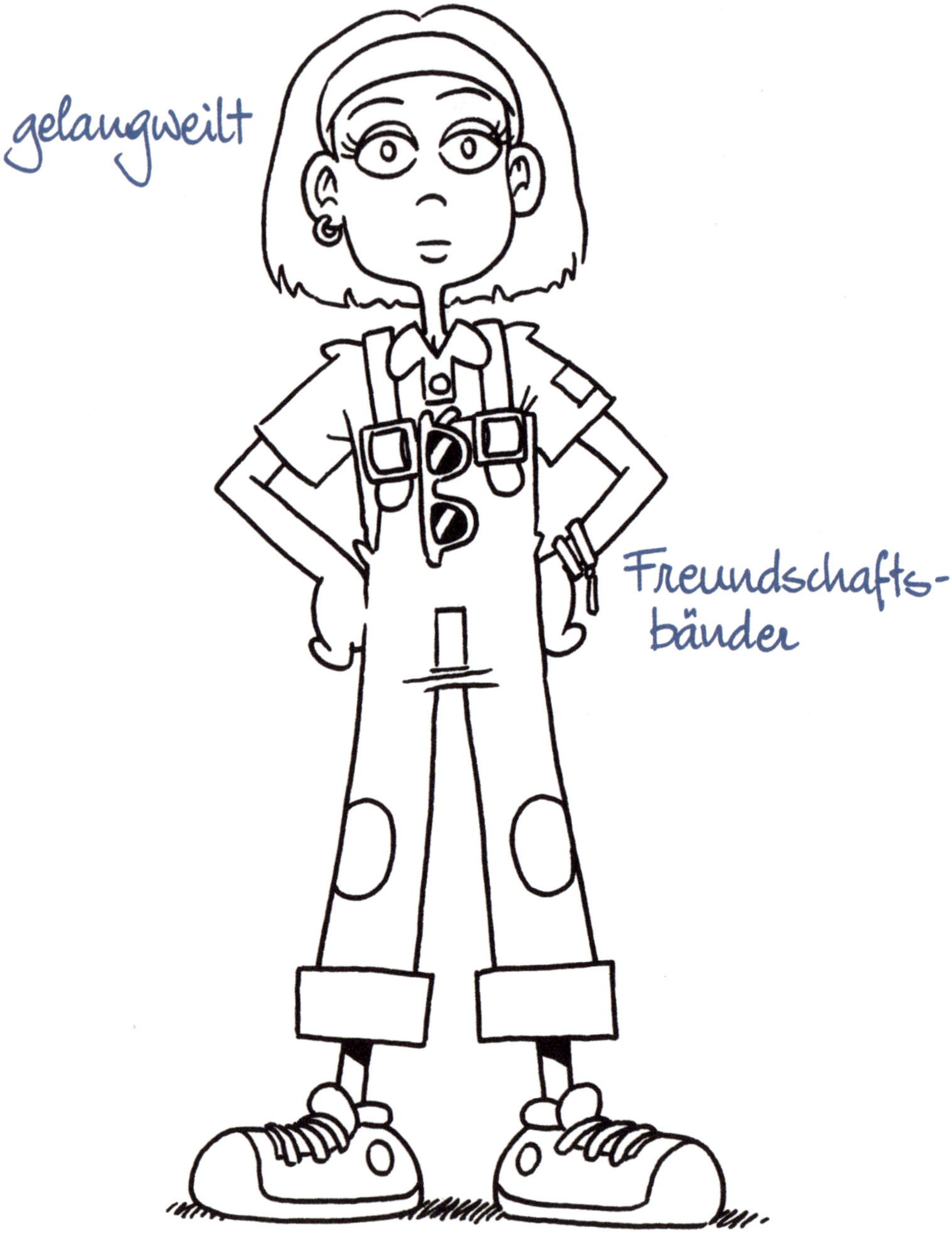
gelangweilt
Freundschafts-
bänder

13 ÜBUNG

Wenn ganz viele Antworten auf Seite 14 stehen, bitte jemanden aus deiner Familie, dass er oder sie vier Begriffe wahllos heraussucht und sie unterstreicht. Du kannst dann eine lustige Geschichte schreiben, in der die vier Begriffe vorkommen. Die Geschichte muss nicht unbedingt von Bea handeln. Schreibe in dein Heft oder Schreibbuch.

Wenn Bea fertig ist mit dem Hühnerfüttern, darf sie mit ihrem Bruder Boris zu den befreundeten Zwillingen fahren. Sie dürfen sogar bei ihnen übernachten. Ganz besonders freut sie sich schon auf die Gruselgeschichten, die sie sich vor dem Einschlafen erzählen werden. Sie hat sich schon eine ganz schaurige ausgedacht, bei der sich sogar die beiden Buben fürchten werden!

14 ÜBUNG

Schreibe eine SMS, in der Bea ihrer Freundin alles Wichtige ankündigt. Das sind die Informationen:

Bea und Boris kommen heute um 13:00 Uhr. Papa holt sie und Boris erst morgen am Abend wieder ab. Sie freut sich schon sehr. Ob sie wohl das neue Computerspiel ausprobieren darf? Sie hofft, dass die beiden Buben nicht allzu sehr stören. Sie weiß schon eine Gruselgeschichte.

15 ÜBUNG

Beas Gruselgeschichte spielt übrigens in einer ganz schaurigen, feuchten, kalten, nassen, finsteren, stickigen, gruseligen Höhle ... Was passiert wohl in dieser Höhle?
Schreibe den Beginn der Geschichte oder, wenn du Lust hast, eine lange Gruselgeschichte in dein Heft oder Schreibbuch.

16 ÜBUNG

Schau dir die Symbole genau an, die du zwischen den einzelnen Personen und Tieren siehst. Was bedeuten sie? Schreibe eine kurze Geschichte.

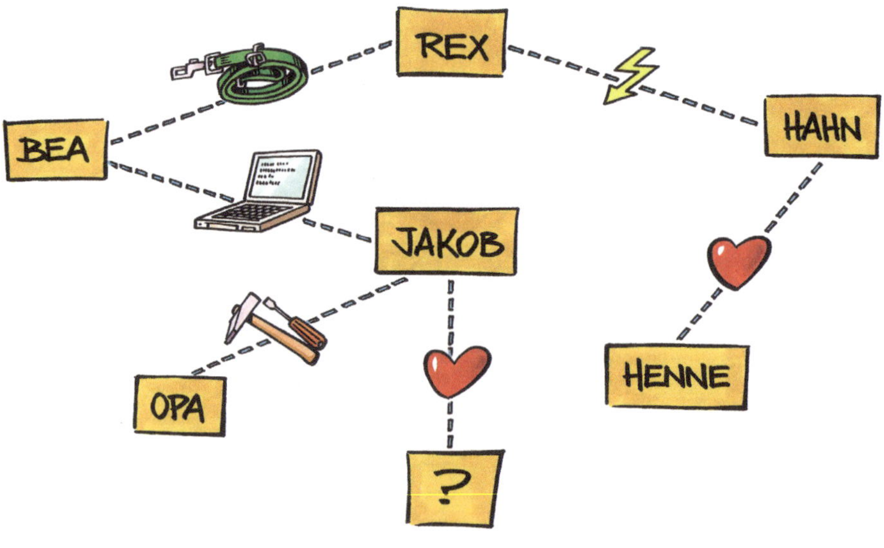

17 ÜBUNG

Wenn du auf das Foto von Seite 7 schaust, siehst du, was Bea gerade tut.
Was aber erwartet Bea morgen? Schau die Übungen 13 und 14 an und schreibe folgende Sätze fertig.

Morgen wird Bea bei ihrer Freundin ______________________. Sie werden gemeinsam ______________________ spielen. Wenn sie im Bett liegen, ______________________.

Die beiden coolen Burschen werden sich ______________________ wie noch nie!

18 ÜBUNG

Wie verbrachte Bea die gleiche Zeit am Vortag? Errate ihre Gedanken.

wollten, zitterte, sprang, klapperten, zeigte, getraute

Das war vielleicht lustig gestern, als ich mit Rex in den kalten See hüpfte!

Zuerst ______________ sich der Feigling gar nicht in das eiskalte Wasser, aber als ich es ihm ______________, konnte er sich doch nicht mehr halten und ______________ mir nach.

Und dann ______________ wir beide gar nicht mehr heraus. Erst als ich am ganzen Körper ______________ und meine Zähne ______________, hatte ich genug.

19 ÜBUNG

Schau dir das Foto an: In welcher Jahreszeit wurde es gemacht? Woran kannst du das erkennen?

Geschichten von Gegenständen

20 ÜBUNG

Die violette Hose von Bea (siehe Bild Seite 7) erzählt eine Geschichte. Schreibe sie fertig.

Ich war eigentlich einmal gelb. Das ist schon lange her, aber ich weiß es noch ganz genau. Und dann gab es da plötzlich diese komische Johannisbeermarmeladentorte …

21 ÜBUNG

Die Plastikschüssel, die Bea in der Hand hält, erzählt eine Geschichte. Schreibe sie fertig.

Ich habe auch schon bessere Tage gesehen. Den Gugelhupfteig habe ich immer so gern gehabt. Aber nachdem Boris mit mir Frisbee gespielt hat und ich einen Sprung abbekommen habe, musste ich als Hühnerfutteraufbewahrungsgeschirr von der neuen Ikea-Küche in den alten Hühnerstall übersiedeln. Dahin, wo es so schrecklich riecht, wo es finster und staubig ist und wo ...

! Manche Geschichten findest du nur, wenn du eine ungewöhnliche Sichtweise wählst. Du kannst beispielsweise aus der Sicht eines Tieres, einer Pflanze oder eines Gegenstandes erzählen.

Geschichten von Pflanzen

Der Baum erzählt den Tieren, die in seiner Krone wohnen, vor dem Einschlafen gerne, was er an dem Tag alles erlebt hat. Allerdings erzählt der Baum in der alten Baumsprache. Die können wir Menschen gar nicht richtig gut verstehen. Aber wenn man das Geheimnis weiß, ist es gar nicht so schwer.

22 Übung

Lies den Satz, den der Baum zu seinen Bewohnern sagt, und versuche zu verstehen, wie diese Geheimsprache funktioniert. Dann kannst du gleich die nächsten Sätze selber in die Baumsprache übersetzen.

Och bon ion eltir Beam, des wosst ohr. Su lengi woi och het nuch kion Minsch eaf doisir Irdi gilibt.

- Heute ist ein Eichhörnchen zu uns gezogen.

____

____

- Ich bitte euch alle, Kuckuck, Schwalben, Uhu, Larven, Schmetterlinge, Wespen, nehmt es gut auf.

____

____

____

- Ich möchte, dass es sich wohl bei uns fühlt.

23 ÜBUNG

Überschriften würfeln

Für diese Übung brauchst du einen Würfel. Würfle aus jeder Gruppe ein Wort (eine Wortgruppe) und setze die gewürfelten Wörter zusammen. Wenn du also fünf Mal gewürfelt hast, siehst du einen Satz, den du als Überschrift verwenden kannst. Zum Beispiel:
Der Fleischhauer kauft wie immer im Wald knallgelbe Hühnereier.
Lass dir zu dieser Überschrift einen Text einfallen. Du kannst eine kurze, eine lange, eine lustige, spannende oder auch unsinnige Geschichte schreiben. Wichtig ist: Schreibe sie in dein Schreibbuch und lies sie jemandem laut vor! Übrigens: Gemogelt wird nicht!

1	Das Huhn	1	sucht	1	seit gestern
2	Die Großmutter	2	erfindet	2	morgen
3	Der böse Nachbar	3	verschenkt	3	in einem fort
4	Der Fleischhauer	4	kauft	4	fast nie
5	Der Schulwart	5	verlangt	5	zu selten
6	Der Postbote	6	entdeckt	6	wie immer

1	hinter dem Hühnerstall	1	wohlschmeckenden Mais.
2	auf dem Kastanienbaum	2	knallgelbe Hühnereier.
3	im Wald	3	leckere Regenwürmer.
4	auf dem Misthaufen	4	löchrige Gummistiefel.
5	auf der Hühnerleiter	5	duftende Hühnerfedern.
6	unter dem Dach	6	dampfenden Mist.

SCHREIBEN, EINFACH SO

Ziel dieser Schreib-Spiele ist es, dass du dich für das Erzählen einer Geschichte aufwärmst. Du sollst, genau wie ein Sportler, ganz locker an das Schreiben herangehen und du wirst sehen, es wird dir Spaß machen.

Verkehrte Hand
Nimm den Stift in die Hand, mit der du normalerweise nicht schreibst, also in die linke Hand, wenn du Rechtshänderin bist. Schreibe deinen Namen. Du kannst diesen natürlich auch in Spiegelschrift schreiben. Dann verfasse eine kurze Notiz an deine Mutter oder deinen Vater.

GESCHICHTEN AUS DER FANTASIEWELT

IDEEN FINDEN

24 ÜBUNG

Schau dir die Bilder an und beantworte die Fragen mit viel Fantasie. Fallen dir noch andere Fragen ein?

1. Warum ist das Mädchen so klein geworden?

2. Was könnte das Mädchen auf dem Fliegenpilz sehen?

3. Warum ist die Schnecke so groß geworden?

4. Stell dir vor, der Schneckenreiter begegnet dem Mädchen. Welche Frage wird es zuerst stellen?

25 **ÜBUNG**

Stell dir vor, du sitzt auf dem Fliegenpilz oder du reitest eine wilde Schnecke zu. Was erlebst du? Sammle Ideen und schreibe sie auf.

26 **ÜBUNG**

Denke dir eine andere Situation aus, in der die Wirklichkeit ein wenig auf den Kopf gestellt ist, und schreibe sie auf.

Beispiel: Du liegst auf einer großen weichen Wolke und beobachtest die Welt von oben. Die ganze Welt – Pflanzen, Tiere, Häuser – ist aus Schokolade.

27 **ÜBUNG**

Du kennst bestimmt Fabelwesen. Das sind Geschöpfe, die es nur in der Fantasie, aber nicht in der Wirklichkeit gibt, wie beispielsweise Drachen, Einhörner oder Meerjungfrauen. Welche gibt es noch?

28

ÜBUNG

Auf einem Spaziergang durch den Wald trifft das Mädchen auf dem Bild einen Zauberer, der ihr einen beliebigen Wunsch erfüllt. Siehst du den Zauberer in dem Bild? Male ihn an.
Sie wünscht sich, in einen Vogel verwandelt zu werden, um endlich fliegen zu können. Was würdest du dir wünschen?

29

ÜBUNG

Welche der folgenden Überschriften gefällt dir zu dem Bild auf Seite 25 am besten? Kreuze an.

- ☐ „Der Wurzelgeist“
- ☐ „Der geheimnisvolle Wald“
- ☐ „Was ein Baum zu sagen hat“
- ☐ „Ein sonderbarer Wunsch“
- ☐ „Das Flüstern“
- ☐ „Der Traumstamm“
- ☐ „Der Holzkönig“

30

ÜBUNG

Wenn du nun zu dieser Überschrift eine Geschichte schreibst, sollst du darauf achten, dass die Leserinnen und Leser die Handlung klar erkennen können. Nimm folgende Hilfestellungen und schreibe die Geschichte in zusammenhängenden Sätzen.

Erster Erzählschritt	Beginn der Geschichte	▪ Das Mädchen geht im Wald spazieren. ▪ Sie trifft einen Zauberer, der sie in irgendein Wesen, das sie gerne sein möchte, verwandelt.
Weitere Erzählschritte	Das Mädchen wird verwandelt	▪ Welche Gestalt hat sie jetzt? ▪ Wie sieht sie genau aus? ▪ Hat sie irgendwelche besonderen Fähigkeiten?
	Das Mädchen erlebt Abenteuer	▪ Wem begegnet sie? ▪ Gerät sie in Gefahren? ▪ Kommt sie jemandem zu Hilfe?
Abschließender Erzählschritt	Ende der Geschichte	▪ Wird das Mädchen zurückverwandelt? ▪ Bleibt sie in der neuen Gestalt? ▪ Geht alles gut aus?

! Wenn du eine Fantasiegeschichte in Worte fasst, dann achte auf folgende Punkte:

- Erfinde Situationen, Figuren oder Orte, die es in Wirklichkeit nicht gibt.
- Zauberei, Wunder oder Geheimnisvolles sollen ruhig vorkommen.
- Beschreibe klar und deutlich, damit sich der Leser in deiner Fantasiewelt auskennt.

31

ÜBUNG

Hier sind die Hauptteile von drei Fantasiegeschichten durcheinandergeraten. Markiere alle zusammengehörenden Teile in der gleichen Farbe und nummeriere ihre Reihenfolge.

Ich sagte ihm, er solle mich noch höher heben, damit ich die Wolken berühren kann. Sie sahen zuerst so weich aus, aber als ich danach griff, fühlte ich nur eine angenehme Frische. Er setzte mich behutsam wieder auf den Boden.

Das Männlein gab mir einen Sack und flüsterte geheimnisvoll: „Da sammeln wir den Sand, den wir den Menschen in die Augen streuen müssen. Hilfst du mir beim Einfüllen?" Und weil er mich so nett bat, half ich ihm natürlich.

Nach einer knappen halben Stunde stieß die Schaufel auf etwas Hartes. Ich warf sie zur Seite und grub mit den Händen weiter, bis ich einen kleinen Deckel erkennen konnte. Ich fand eine Kiste, die bis zum Rand oben hin mit Gold gefüllt war.

Der Sandmann nahm mich mit und er führte mich an einen Strand, auf dem überall Zwerge standen und eifrig im Sand wühlten. Das war der Schlafsand.

Da nahm mich der Riese vorsichtig beim Kragen und hob mich in die Höhe. Ich konnte über den Wald sehen und sogar über den Kirchturm, ja bis ins Nachbardorf; so hoch war ich.

Die Kiste war schwer, aber ich konnte sie bergen. Ich überlegte, was ich nun mit meinem Reichtum anstellen wollte. Von dem vielen Gold wollte ich mir ein Schloss bauen und meine Eltern auf eine Weltreise schicken.

Ich erzählte dem Riesen, dass ich einmal so groß sein möchte, dass ich, wenn ich mich strecke, die Wolken berühren kann.

Als ich die Augen aufschlug, sah ich das freundliche Gesicht des Sandmannes. Er fragte mich, ob ich nicht müde sei. „Nein", sagte ich. „Na, dann komm mit. Ich zeige dir den wunderbarsten Ort, den es gibt."

Die Schatzkarte hatte nicht gelogen. Ich hatte den Hügel mit dem großen Baum gefunden. Zehn Schritte Richtung Westen, da musste ich zu graben beginnen.

32 ÜBUNG

Unterstreiche nun noch die Überschriften in der gleichen Farbe wie die Geschichte, zu der sie passen.

„Der Riese“

„Auf Schatzsuche“

„Im Land der Träume“

Schreiben

33 ÜBUNG

Schreibe nun eine der Geschichten mit einer kurzen Einleitung und einem passenden Schluss auf. Siehe hierfür auch das Kapitel „Geschichten aus unserem Leben“ (Seiten 60 bis 77).

34 ÜBUNG

Du bist versehentlich über Nacht in einem Einkaufszentrum eingesperrt worden. Erst am nächsten Tag entdeckt man dich. Schreib einen Dialog mit deinem Freund oder deiner Freundin über diese unglaubliche Nacht, in der du „fantastische“ Dinge erlebt hast.

„Hallo, Michael! Du glaubst nicht, was mir gestern passiert ist!“
„Was denn?“
„Der Nachtwächter hat mich im Einkaufszentrum eingesperrt, während ich mir die Hände gewaschen habe. Als ich aus dem Waschraum kam, war das Tor schon versperrt.“
„Du warst ganz allein da? Das musst du mir alles genau erzählen.“
„Also, zuerst hab ich …“

35

ÜBUNG

Markiere alle Wörter, die großgeschrieben werden müssen.

eines morgens
david wachte auf, die welt aber nicht. das wusste david aber noch nicht. beim frühstück nahm er die milch und eine schüssel cornflakes. die milch ergoss sich nicht wie gewohnt in die schüssel, david schüttelte die auf den kopf gestellte packung, die milch aber blieb darin. mit einer schere öffnete er die tüte, er schnitt an den kanten entlang bis zum boden, ebenso auf der anderen seite und klappte die wand herunter. die milch blieb, wo sie war. mit einem löffel schabte er die milch hervor und kostete vorsichtig. sie schmeckte normal, sie schlief nur und wollte nicht geweckt werden.
eigentlich müssten jetzt schon zeichentrickfilme sein, dachte er sich und schaltete den fernseher ein, doch nur kleine schwarze und weiße punkte waren zu sehen. das fernsehprogramm ging auch nicht. nicht einmal das übliche flimmern der kleinen punkte, wie tausende ameisen, sah er auf der mattscheibe. die ameisen schlafen wohl noch, dachte david.
er ging zum telefon und nahm den hörer von der gabel. er hatte sicher schon die ersten drei ziffern gewählt, als er bemerkte, dass das telefon tot war. david hämmerte darauf los, drückte alle tasten, aber das gewohnte tuten wollte sich nicht einstellen.

Jürgen Tobisch

36 ÜBUNG

Schau dir dieses Bild an und lies die zwei Texte. Markiere, worin sie sich unterscheiden. Wie wirken die beiden Texte auf dich?

Text 1:

Ich spaziere in das Bild und sehe einen Mann, der versucht mit seinem Kopf durch die Wand zu laufen. Dahinter sind zwei Männer, die zwei Tiere scheren. Ich schaue ihnen zu und gehe dann weiter. Eine Frau hängt einer anderen Person einen Mantel um. Dabei muss die Frau ständig aufpassen, dass die Frau nicht auf die Schweine tritt, die sich neben der Frau um das Futter streiten.

Text 2:

Ich spaziere bei der Mauer vorne links in das Bild und sehe einen Mann, der versucht mit seinem Kopf durch die Wand zu laufen. Dahinter sitzen zwei Männer, die ein Schaf und ein Schwein scheren. Ich schaue ihnen verwundert zu und gehe dann weiter in die Mitte des Dorfes. Eine Frau hängt einer anderen Person einen grünen Mantel um die Schultern. Dabei muss die Frau ständig aufpassen, dass sie nicht auf die Schweine tritt, die sich neben ihr um das Futter streiten. Es scheint, dass ich da in ein sehr komisches Dorf geraten bin.

37 ÜBUNG

So geht der Text weiter. Streiche an, wo du etwas ergänzen oder umschreiben möchtest, und schreibe den Text in dein Heft.

Ein lautes Knurren lenkt meine Aufmerksamkeit auf zwei, die sich um einen Knochen streiten. Sie beißen und bellen wild durcheinander. In der Nähe des Flusses sitzt ein Mann auf Kohlen, er scheint sich aber nur für den neben ihm zu interessieren, der die Fische fängt. Zu gerne würde er den großen hinter ihm fangen, der gerade einen kleineren Fisch hat.

38 ÜBUNG

Lies den gesamten überarbeiteten Text noch einmal durch. Wie klingt er jetzt? Bekommst du in diesem Text mehr Informationen als in der ersten Fassung? Notiere, welche Informationen du jetzt gewonnen hast.

Ein Mann sitzt auf glühenden Kohlen.

39 ÜBUNG

Ein Schüler hat sich eine Einzelheit aus dem Bild ausgesucht und versucht, in die Rolle einer Figur zu schlüpfen. Markiere und ergänze wieder deine Vorschläge. Auch den Satzbau kannst du verändern.

Ich bin ein Bauer. Ich füttere die Tiere. Ich streue ihnen das Futter hin. Ich schaue ihnen zu, wie sie essen. Ich stehe zwischen den Tieren. Mein Gewand ist braun. Und das alles mache ich Tag für Tag.

40 ÜBUNG

Das Wort „essen“, das in dem Text in Übung 39 vorkommt, klingt ein wenig einfach und fantasielos. Schreibe alle Wörter auf, die dir zum Wortfeld „essen“ einfallen (mindestens 10). Überlege, welche Wörter besser zu dem Text passen. Wie wirkt der Text, wenn die Schweine speisen, wenn sie frühstücken oder dinieren?

essen: frühstücken, mampfen, futtern, speisen, dinieren ...

Du hast nun einen Text überarbeitet. Wozu das notwendig ist? Durch das nochmalige Bearbeiten wurden Details erwähnt, die sonst verloren gegangen wären. Beim Überarbeiten sollst du versuchen, den eigenen Text wie einen fremden zu lesen, und den Inhalt auch für andere verständlich machen.

41

ÜBUNG

Das ist Hanna. Füge wie im Beispiel immer wieder neue Informationen hinzu.

Hanna schaut aus dem Fenster.

Wann? Hanna schaut **nach dem Frühstück** aus dem Fenster.

Warum? Hanna schaut **nach dem Frühstück** aus dem Fenster, **um zu plaudern**.

Mit wem? Hanna schaut **nach dem Frühstück** aus dem Fenster, **um mit ihrer Freundin zu plaudern**.

Worüber? Hanna schaut **nach dem Frühstück** aus dem Fenster, **um mit ihrer Freundin über das Wetter zu plaudern**.

Hanna beobachtet.

Wen? ____________________

Wo? ____________________

Wie lange? ____________________

Weshalb? ____________________

Hanna bekommt ein Geschenk.

Welches? ____________________

Von wem? ____________________

Wieso? ____________________

Wann? ____________________

42 ÜBUNG

Such dir eine Figur in dem Bild auf Seite 30 aus und erfinde Fragen ähnlich wie in Übung 41 dazu.

43 ÜBUNG

Nimm einen Text, den du in einem anderen Kapitel dieses Buches verfasst hast, und ergänze ihn so wie in Übung 37. Ergänze schließlich noch weitere Ideen.

Weitere Schreibideen

44 ÜBUNG

Versuche die Geschichte aus Übung 35 weiterzuschreiben. Was könnte denn noch alles schlafen und wie erlebt David diesen Zustand? Was glaubst du, warum alles um ihn herum schläft?

45 ÜBUNG

Schreibe die Geschichte weiter und denk dir eine passende Überschrift aus.

Meine Eltern hatten mir streng verboten, allein auf den Dachboden zu gehen, da dort überall rostige Nägel und andere gefährliche Gegenstände herumlagen. Dennoch schlich ich eines Tages, als meine Eltern gerade im Garten waren, heimlich die Treppe hoch und öffnete vorsichtig die Türe. Meine Augen gewöhnten sich langsam an die Dunkelheit und ich konnte die ersten Umrisse von alten Möbelstücken und Kisten erkennen.
Da sah ich auf einmal …

46 ÜBUNG

Wenn ich ein Erfinder wäre, dann würde ich … erfinden.
Was würdest du erfinden und weshalb? Schreib einen Brief an die Förderstelle für Jugendforscher und teile deine Idee mit. Erkläre genau, was du mit deiner Erfindung bezweckst und wofür sie gut ist.

Beispiele: Ein Auto ganz aus Gummi, damit bei einem Unfall kein Blechschaden entstehen kann.
Ein Gehirnscanner, bei dem alle Informationen aus Büchern im Kopf des Benützers gespeichert werden.
Ein Hausübungsroboter, der alle Hausübungen erledigt.

Fantasiegeschichte

Nachdem du eine Fantasiegeschichte geschrieben hast, kontrolliere, ob du folgende Punkte beachtet hast:

- Ich habe meinem Text eine Überschrift gegeben, die zur Geschichte passt.
- Der Anfang meines Textes erweckt Neugier.
- Ich habe alles der Reihe nach erzählt.
- Ich habe spannend erzählt, indem ich Ausrufe- und Fragesätze sowie wörtliche Rede verwendet habe.
- Ich habe Einzelheiten und Details erzählt.
- Ich habe verschiedene Satzanfänge verwendet.
- Ich habe die Zeit beibehalten.
- Ich habe ein passendes Ende gefunden.

GESCHICHTEN AUS DER MÄRCHENWELT

IDEEN FINDEN: WAS ZU MÄRCHEN GEHÖREN KANN

47 ÜBUNG

Schau dir die abgebildeten Gegenstände an. Sie alle spielen in bekannten Märchen eine wichtige Rolle. Kannst du erraten, um welche Märchen es sich handelt?

48 ÜBUNG

Es gibt bestimmte Teile, die typisch für Märchen sind. Finde aus den unten stehenden Behauptungen jene heraus, die auf Märchen zutreffen, und kreuze entsprechend an.

	richtig	falsch
1. Märchen beginnen meist mit den Worten „Es war einmal" und enden oft mit „Und wenn sie nicht gestorben sind ...".	❑	❑
2. Das Gute verliert immer.	❑	❑
3. Hexen, Zwerge und Riesen gibt es im Märchen nicht.	❑	❑
4. Die Zahlen 3 und 7 kommen im Märchen häufig vor.	❑	❑
5. In Märchen müssen immer sprechende Tiere vorkommen.	❑	❑
6. Im Märchen passieren Dinge, die es in Wirklichkeit nicht gibt.	❑	❑
7. „Der Froschkönig" ist ein Märchen.	❑	❑

49

ÜBUNG

Lies den Ausschnitt aus dem Märchen „Hans im Glück" und beantworte im Anschluss die Fragen über Hans.

[...] Hans blieb stehen und sah ihm zu; endlich redete er ihn an und sprach: „Euch geht's gut, weil Ihr so lustig bei Eurem Schleifen seid." „Ja", antwortete der Scherenschleifer, „das Handwerk hat einen goldenen Boden. Ein rechter Schleifer ist ein Mann, der, sooft er in die Tasche greift, auch Geld darin findet. Aber wo habt Ihr die schöne Gans gekauft?" „Die hab ich nicht gekauft, sondern für mein Schwein eingetauscht." „Und das Schwein?" „Das hab ich für eine Kuh gekriegt." „Und die Kuh?" „Die hab ich für ein Pferd bekommen." „Und das Pferd?" „Dafür hab ich einen Klumpen Gold, so groß wie mein Kopf, gegeben." „Und das Gold?" „Ei, das war mein Lohn für sieben Jahre Dienst." „Ihr habt Euch jederzeit zu helfen gewusst", sprach der Schleifer, „könnt Ihr's nun dahin bringen, dass Ihr das Geld in der Tasche springen hört, wenn Ihr aufsteht, so habt Ihr Euer Glück gemacht." „Wie soll ich das anfangen?", sprach Hans. „Ihr müsst ein Schleifer werden, wie ich; dazu gehört eigentlich nichts als ein Wetzstein, das andere findet sich schon von selbst. Da hab ich einen, der ist zwar ein wenig schadhaft, dafür sollt Ihr mir aber auch weiter nichts als Eure Gans geben; wollt Ihr das?" „Wie könnt Ihr noch fragen", antwortete Hans, „ich werde ja zum glücklichsten Menschen auf Erden: Habe ich Geld, sooft ich in die Tasche greife, was brauche ich da länger zu sorgen?", reichte ihm die Gans hin und nahm den Wetzstein in Empfang. „Nun", sprach der Schleifer und hob einen gewöhnlichen schweren Feldstein, der neben ihm lag, auf, „da habt Ihr noch einen tüchtigen Stein dazu, auf dem sich's gut schlagen lässt und Ihr Eure alten Nägel gerade klopfen könnt. Nehmt ihn und hebt ihn ordentlich auf." [...]

Was tauschte Hans ursprünglich ein und was erhielt er letzten Endes dafür?

1. Hans tauscht: **Goldklumpen** ► ______________ ► **K**______________ ►
______________ ► ______________ ► **Stein**

2. Hat Hans gute Geschäfte gemacht, hat er geschickt getauscht?

____

____

3. Ist Hans ein kluger Bursche?

____

____

4. Wie passt der Titel „Hans im Glück" zu diesem Märchen?

____

50 ÜBUNG

Lies das Märchen „Die kluge Gretel" von den Brüdern Grimm und beantworte dann die Fragen.

Die kluge Gretel

Es war einmal eine Köchin, die hieß Gretel, die trug Schuhe mit roten Absätzen, und wenn sie damit ausging, so drehte sie sich hin und her, war ganz fröhlich und dachte: „Du bist doch ein schönes Mädel." Und wenn sie nach Hause kam, so trank sie aus Fröhlichkeit einen Schluck Wein, und weil der Wein auch Lust zum Essen machte, so versuchte sie das Beste, was sie kochte, so lang, bis sie satt war, und sprach: „Die Köchin muss wissen, wie das Essen schmeckt."

Da sagte der Herr einmal zu ihr: „Gretel, heut Abend kommt ein Gast, richte mir zwei Hühner her."

„Ich werde es schon machen, Herr", antwortete Gretel.

Nun stach sie die Hühner ab, brühte sie, rupfte sie, steckte sie an den Spieß und brachte sie zum Feuer, damit sie braten sollten. Die Hühner fingen an, braun und gar zu werden, aber der Gast war noch nicht gekommen. Da rief Gretel dem Herrn: „Kommt der Gast nicht, so muss ich die Hühner vom Feuer tun, ist aber jammerschade, wenn sie nicht bald gegessen werden, wo sie am besten im Saft sind."

Da sprach der Herr: „Ich laufe und werde den Gast holen." Als der Herr den Rücken gekehrt hatte, legte Gretel den Spieß mit den Hühnern beiseite und dachte: „So lange da beim Feuer stehen, macht durstig, wer weiß, wann die kommen! Ich laufe schnell in den Keller und nehme mir einen Schluck." Sie lief hinab und sprach: „Prost, Gretel", und tat einen guten Zug. Schnell ging sie zu den Hühnern. Weil aber der Braten so gut roch, dachte Gretel: „Es könnte etwas fehlen, ich muss kosten!" Sie schleckte mit dem Finger und sprach: „Nein, was sind die Hühner gut! Es ist ja eine Sünde, wenn man sie nicht gleich isst!" Sie lief zum Fenster und schaute, ob der Herr mit dem Gast schon zu sehen wäre, aber sie sah niemand. Sie stellte sich wieder zu den Hühnern und dachte: „Der eine Flügel verbrennt, besser ist es, ich esse ihn auf." Also schnitt sie ihn ab und aß ihn. Er schmeckte wunderbar und als sie damit fertig war, dachte sie: „Der andere muss auch weg, sonst merkt der Herr, dass etwas fehlt." Als sie die zwei Flügel gegessen hatte, ging sie wieder und schaute nach dem Herrn und sah ihn nicht.

„Wer weiß", fiel es ihr ein, „sie kommen wohl gar nicht und sind wo eingekehrt." Da sprach sie zu sich: „Gretel, sei guter Dinge, das eine ist doch angegriffen, nimm noch einen frischen Trunk und iss es ganz auf, wenn es weg ist, hast du Ruhe, warum soll die gute Gottesgabe umkommen?" Also lief sie noch einmal in den Keller, nahm einen Schluck Wein und aß das eine Huhn in aller Freudigkeit auf. Als das eine Huhn hinunter war und der Herr noch immer nicht kam, sah Gretel das andere an und sprach: „Wo das eine ist, muss das andere auch sein, die zwei gehören zusammen. Was dem einen recht ist, das ist dem andern billig; ich glaube, wenn ich noch einen Schluck nehme, so sollte mir das nicht schaden." Also nahm sie noch einen herzhaften Trunk und ließ das zweite Huhn wieder zum andern laufen.

Als sie gerade beim Essen war, kam der Herr dahergegangen und rief: „Beeil dich, Gretel, der Gast kommt gleich nach."
„Ja, Herr, ich werde sie schon zurichten", antwortete Gretel. Der Herr sah indessen, ob der Tisch wohl gedeckt war, nahm das große Messer, womit er die Hühner zerschneiden wollte, und wetzte es auf dem Gang. Da kam der Gast und klopfte höflich an der Haustür. Gretel lief und schaute, wer da war, und als sie den Gast sah, hielt sie den Finger an den Mund und sprach: „Still! Still! Macht geschwind, dass Ihr wieder fortkommt, wenn Euch mein Herr erwischt, so seid Ihr unglücklich. Er hat Euch zwar zum Nachtessen eingeladen, aber er hat nichts anderes im Sinn, als Euch die beiden Ohren abzuschneiden. Hört nur, wie er das Messer dazu wetzt." Der Gast hörte das Wetzen und eilte, was er konnte, die Stiegen wieder hinab.
Gretel war nicht faul und lief schreiend zu dem Herrn und rief: „Da habt Ihr einen schönen Gast eingeladen!"
„Aber warum denn, Gretel? Was meinst du damit?"
„Ja", sagte sie, „der hat mir beide Hühner, die ich eben auftragen wollte, von der Schüssel genommen und ist damit fortgelaufen."
„Das ist eine feine Art", sprach der Herr, und es war ihm leid um die schönen Hühner, „wenn er mir denn wenigstens das eine gelassen hätte, damit mir was zu essen geblieben wäre."
Er rief ihm nach, er sollte stehen bleiben, aber der Gast tat, als hörte er es nicht. Da lief er hinter ihm her, das Messer noch immer in der Hand, und schrie: „Nur eins! Nur eins!", und meinte, der Gast sollte ihm nur ein Huhn lassen und nicht alle beide nehmen. Der Gast aber meinte, er sollte eins von seinen Ohren hergeben, und lief, als wenn Feuer unter ihm brennen würde, damit er sie beide heimbrächte.

Fragen:

1. Was soll Gretel zum Abendessen kochen?

____

____

2. Warum isst Gretel das Abendessen allein auf?

____

____

3. Warum läuft der Gast am Schluss weg?

____

____

4. Wieso heißt das Märchen „Die kluge Gretel"?

____

____

> ❗ Märchen erzählen fantasievoll von Erfahrungen, die Menschen im Leben machen können. So geht es beispielsweise oft um den Kampf des Guten gegen das Böse, aber auch um die Frage, was richtig und was falsch ist.

51 ÜBUNG

Schau die Grafik an und zeichne die fünf Erzählschritte im Text des Märchens (Übung 50) ein.

Erzählschritte zum Märchen „Die kluge Gretel"

52 ÜBUNG

Zahlen haben in Märchen eine besondere Bedeutung, vor allem sieben und drei: die sieben Zwerge oder die drei kleinen Schweinchen. Fallen dir weitere Beispiele ein?

SCHREIBEN

53 ÜBUNG

Märchen-Wörter: Unterstreiche alle Hauptwörter blau, alle Zeitwörter rot, alle Eigenschaftswörter grün und ordne sie ein.

Hauptwörter (Nomen)

Zeitwörter (Verben)

Eigenschaftswörter (Adjektive)

54 ÜBUNG

Dieses Märchen hat noch kein Ende. Finde eines und gib dem Märchen einen Titel.

Es waren einmal drei Brüder, die in die Welt ziehen wollten, um Abenteuer zu erleben. Der älteste wollte einen Berg besteigen, der als unbezwingbar galt. Auf dem Weg zu dem Berg begegnete er einem alten Mann, der ihn warnte, sein Leben aufs Spiel zu setzen, aber er lachte über die Warnung. Der Tag neigte sich dem Ende, aber von dem ältesten Bruder war nichts zu sehen. Am nächsten Tag zog der zweite hinaus und ging zur See, um in ein Land zu segeln, wo vor ihm noch niemand war. Auch er begegnete dem alten Mann, der ihn warnte, und auch er spottete ihn aus. Der Tag neigte sich dem Ende und der zweite Bruder verschwand ebenso spurlos. Am nächsten Tag beschloss der jüngste, nicht auf Abenteuer zu gehen, sondern seine beiden Brüder zu suchen …

Jürgen Tobisch

Märchen verändern

Bevor du ein Märchen veränderst, überlege genau, wovon dieses Märchen handelt, welche Personen beteiligt sind, wie die Handlung verläuft und welches Ende es hat.
Dann kannst du vieles ändern.

Märchen verändern

- *Charakter einer Figur verändern* (der böse Wolf wird traurig und harmlos)
- *Ein anderes Ende finden* (ein trauriges statt eines guten Endes)
- *Die Handlung verändern* (die Geißlein fressen den Wolf)
- *Typische Zahlen verändern* (77 Zwerge statt 7)
- *Figuren aus anderen Märchen auftreten lassen* (Rotkäppchen trifft den Froschkönig)
- *Ort verändern* (Hänsel und Gretel verirren sich im Supermarkt)

55 ÜBUNG

Die folgenden Absätze gehören zu Märchen, allerdings wurde etwas verändert. Finde heraus, um welches Märchen es sich handelt und was verändert wurde!

Text 1

„Wo hinaus so früh, Rotkäppchen?"
„Zur Großmutter."
„Was trägst du unter der Schürze?"
„Kuchen und Wein: Gestern haben wir gebacken, da soll sich die kranke und schwache Großmutter etwas Gutes tun und sich damit stärken."
„Rotkäppchen, wo wohnt deine Großmutter?"
„Gleich hier ums Eck, im Hochhaus mit der Nummer 13", sagte Rotkäppchen.

- Märchen: ______________________________
- verändertes Element: ______________________________

Text 2

„Spieglein, Spieglein an der Wand, wer ist die Schönste im ganzen Land?"
Der Spiegel antwortete: „Frau Königin, Ihr seid die Schönste hier, aber Angelina Jolie ist noch tausendmal schöner als Ihr."

- Märchen: ______________________________
- verändertes Element: ______________________________

Text 3

„Königstochter, jüngste, mach mir auf!
Weißt du nicht, was du gestern zu mir gesagt hast bei dem kühlen Brunnenwasser? Königstochter, jüngste, mach mir auf!"
Da sagte der König: „Was du versprochen hast, das musst du nicht halten; bleib nur sitzen und iss in Ruhe dein Abendbrot." Da hüpfte der Frosch zurück zu seinem Brunnen und fasste einen Plan: […]

- Märchen: ______________________________
- verändertes Element: ______________________________

56 ÜBUNG

Da hat wohl jemand ein paar Märchen durcheinandergebracht! Kannst du die verschiedenen Märchen herausfinden?

Es waren einmal zwei Kinder, die sich im Wald verlaufen hatten. Sie suchten den Weg zu ihrer Großmutter, die krank in ihrem Lebkuchenhaus lag, aber sie kamen vom Weg ab und drangen immer weiter und weiter ins Dickicht, bis sie schließlich einen Wolf trafen. Der Wolf winkte mit seiner weißen Pfote und rief ihnen schon von weitem mit einer kreideweichen Stimme zu: „Liebe Kinder, eure Mutter ist da und hat jedem von euch etwas mitgebracht!" Da fing das Mädchen an zu weinen und klagte: „Hoffentlich eine goldene Kugel, denn mir ist meine in den Brunnen gefallen." Da entgegnete der Wolf: „Nein, einen Apfel will ich dir schenken", und das Mädchen biss hinein und fiel auf der Stelle um, denn der Apfel war vergiftet. Als nun der Wolf dem Jungen einen Apfel geben wollte, lehnte dieser mit den Worten ab: „Ich bin so satt, ich mag kein Blatt. Mäh! Mäh!" ...

Welche sechs Märchen sind in diesem Text versteckt?

1. ______________________________

2. ______________________________

3. ______________________________

4. ______________________________

5. ______________________________

6. ______________________________

Weitere Schreibideen

57 ÜBUNG

Versuche ein Märchen ein wenig umzuschreiben.

Vorschläge:

- Hänsel und Gretel verlaufen sich im Supermarkt und werden von einer alten Wurstverkäuferin bedroht.
- Der Froschkönig ist ein alter Brunnentaucher, der nur seine Ruhe haben will.
- Schneewittchen ist eine Skifahrerin, die von der Piste abgekommen ist und nicht mehr zurückfindet.

Merkmale von Märchen

- Märchen beginnen meist mit den Worten „Es war einmal …“
- Es gibt oft gute und böse Figuren.
- Zahlen und Rätsel haben oftmals eine entscheidende Bedeutung.
- Die Zahl Drei bestimmt häufig den Aufbau: drei Aufgaben oder drei Versuche, drei Wünsche, drei Bewährungsproben, …
- Sowohl gute als auch böse Zauberei kann vorkommen.
- Die meisten Märchen gehen gut aus. („Und wenn sie nicht gestorben sind, …“)

GESCHICHTEN IN BILDERN

IDEEN SAMMELN

Wir halten Erlebtes in Bildern fest. Entweder mit einer Kamera oder nur in unserem Kopf. Umgekehrt fällt uns beim Betrachten eines Bildes oft gleich ein Erlebnis ein.

58 ÜBUNG

Welche Empfindungen hast du, an welche Erlebnisse denkst du, wenn du dieses Bild betrachtest? Kreuze an!

- [ ] Ferienerlebnis
- [x] Sonnenschein, Wärme
- [ ] Spannung und Aufregung
- [ ] Einsamkeit, Stille, Ruhe

Notiere, was dir zu diesem Bild noch einfällt:

Sie kuschelt mit dem Hund. Beide fühlen sich wohl. Sie hat vorhin gelesen und ist danach eingeschlafen.

59 ÜBUNG

Sammle nun weitere Ideen zu diesem Bild. Du kannst dazu die sogenannten W-Fragen verwenden.

1. **WAS** ist auf dem Bild zu sehen?
   Ein Mädchen, ein Hund, ein Buch, eine Grüne Deck
2. **WO** und **WANN** könnte das Foto entstanden sein?
   Draußen, in den Ferien, zu Mittag,
3. **WER** ist dabei? **WIE** könnte das Kind heißen? Welchen Namen würdest du dem Hund geben? Wer könnte noch dabei sein, ohne dass wir diese Person sehen (zB zum Fotografieren)?
   Lilli oder Sarah, Benni, die Mutter, ihr Vater,
4. **WELCHE GEFÜHLE** hat das Kind auf dem Bild?
   Zufrieden, entspannt,
5. Versetze dich in das Mädchen: **WAS** könnte vorher geschehen sein?
   Sarah hat zu Mittag gegessen, danach hat sie sich in ihr Bett gelegt und hat gelesen. Plötzlich schlief sie ein und Benni kam in ihr Bett.

60 ÜBUNG

Schau dir die Bildgeschichte mit dem Titel „Noch einmal gut gegangen" genau an und streiche bei den Sätzen darunter durch, was nicht auf diese zutrifft.

Nach einer Vorlage von Peter Thulke

1. Die Hauptperson ist ein Autofahrer / ein Lastwagenfahrer.
2. Diese Bildgeschichte zeigt eine ~~fantastische Geschichte~~ / ~~traurige Geschichte~~ / ein seltenes, aber mögliches Ereignis.
3. Am Ende sind die Hauptfiguren ~~glücklich~~ / überrascht / unzufrieden.

! **Tipp:** Überlege dir immer, bevor du eine Bildgeschichte schreibst:
- Wer ist die wichtigste Person? Welcher Name passt für diese?
- Wie ist die Geschichte: spannend, lustig, traurig …?
- Wie fühlen sich die Hauptfiguren am Ende?

Planen und Ordnen

61 ÜBUNG

Schau jedes Bild nochmals genau an und beantworte dann folgende Fragen. Damit hast du ein Handlungsgerüst für deine Geschichte.

Nach einer Vorlage von Peter Thulke

Wie könnte der Autofahrer heißen?
Was passiert auf diesem Bild?

Die Person heißt Peter. Peter fährt schnell gegen die Einbahn.

Überleitung

Was passiert zwischen dem ersten und zweiten Bild? Wie kommt es dazu, dass der PKW auf den Lastwagen zufährt?

Weil er gegen die Einbahn fährt und zur gleichen Zeit der Lanstwagen kommt.

Nach einer Vorlage von Peter Thulke

Was geschieht auf dem zweiten Bild? Schau dir das Gesicht des Mannes genau an.

Hubert sieht Peter auf ihn zufahren. Hubert schreckt sich und steigt auf die Bremse.

Überleitung

Nach einer Vorlage von Peter Thulke

Zwischen dem zweiten und dritten Bild ereignet sich einiges: Wie ist der PKW-Lenker auf die Motorhaube des LKW gekommen?

Die beiden fahren zusammen. Peter hat sich nicht angegurt deswegen fliegt er auf die ~~Haube~~ Motorhaube des PKW-Lenkers

Was denken die beiden wohl? Was werden sie tun?

Huber denkt sich so eine Frechheit mein Auto könnte kaputt sein. Peter denkt sich zum Glück lebe ich noch.

62 ÜBUNG

Was geschieht vorher? Wie geht es weiter?

Die drei Bilder über den Autofahrer lassen noch einiges offen.

Schreibe einige Zeilen, wie das Erlebnis für Herrn ... beginnt.

Peter musste schnell zu einem Essen und beeilte sich und er achtete nicht auf den Verkehr

Schreibe einige Zeilen, wie das Erlebnis enden könnte: Wie sehen die Fahrzeuge aus? Wie kommt der Autofahrer nach Hause?

Hubert steigt aus und schimpft mit ihm. Das Auto des PKW Fahrers ist komplett kaputt.

63 ÜBUNG

Mit den beiden vorhergehenden Übungen hast du die Bildgeschichte „Noch einmal gut gegangen“ vorbereitet. Verfasse nun eine zusammenhängende Erzählung für dein Schreibbuch.

64 ÜBUNG

Übe mit folgenden vier Bildern nochmals, wie du eine Bildgeschichte planen kannst.

Tipp: Kopiere die Bilder, schneide sie aus, klebe sie untereinander auf und schreibe dann wie in der vorigen Übung dazu.

Nach einer Vorlage von Pat Mallet

1. Ordne die Bilder, sodass sie eine logische Handlung ergeben.
   Die richtige Reihenfolge: ______
2. Wer sind die wichtigsten Personen? Gib ihnen Namen.
3. Wie soll die Geschichte geschrieben werden: lustig (aus der Sicht des Männchens) / traurig (aus der Sicht des Mannes) / enttäuscht (aus der Sicht der Frau) / ... ?
4. Wie fühlt sich die Hauptfigur am Anfang und am Ende?
5. Wie könnte die Vorgeschichte aussehen? Was passiert nach dem letzten Bild?

Schreiben

Eine gelungene Geschichte lebt sehr stark von aufgeschriebenen Gedanken und wörtlichen Reden.

65 ÜBUNG

Überlege, was die beiden Personen denken oder sprechen könnten, und schreibe das in die Sprechblasen. Was denkt das Männchen?

Nach einer Vorlage von Pat Mallet

Bildgeschichten werden meist in der sogenannten **Er-Form** erzählt, das heißt, du berichtest als Erzähler, was geschieht. Du kannst aber auch in der **Ich-Form** in eine Figur hineinschlüpfen. Dadurch können Gedanken und Gefühle noch besser ausgedrückt werden.
Meist werden sie in der Erzählzeit (Mitvergangenheit, Präteritum) verfasst. Du kannst aber auch die Zeitform Gegenwart (Präsens) verwenden.

66

ÜBUNG

Schau die Bilder in Übung 64 nochmals genau an. Welche der folgenden Sätze passen in eine Erzählung des Mannes, der Frau oder des Männchens?

1. Tagelang freute ich mich schon auf die Rückkehr meiner Frau von einer längeren Geschäftsreise. „Über einen Strauß wundervoller Blumen wird sie gewiss glücklich sein“, dachte ich.

2. Ungläubig starrte ich auf das Büschel Stängel, die mir Walter vor die Nase hielt. Der will mich doch nicht schon bei unserem ersten Treffen veräppeln? Was dem nur eingefallen ist!

3. Na, das wird ein Spaß! Die beiden werden wohl ziemlich blöd dreinschauen. So ein Streich ist mir schon lange nicht mehr gelungen.

4. „Der wird sich wundern. Diese Frechheit werde ich ihm heimzahlen“, dachte ich. Enttäuscht und voller Zorn holte ich zu einer kräftigen Ohrfeige aus.

5. Genussvoll sah ich zu, wie der Mann eine Ohrfeige kassierte. „Schadenfreude ist doch die schönste Freude“, dachte ich und musste mir vor Lachen den Bauch halten.

6. „Was soll denn das? Was ist bloß geschehen“, dachte ich und starrte entgeistert auf das, was soeben noch ein wunderschöner Rosenstrauß gewesen war. Ich konnte mir das einfach nicht erklären.

Der Mann erzählt	Sätze
Die Frau erzählt	Sätze
Das Männchen erzählt	Sätze

67 **ÜBUNG**

Geschichten-Puzzle: Die folgende Arbeit von Laura ist recht gut gelungen. Du musst sie allerdings erst richtig zusammensetzen. Ordne die Puzzleteile und schreibe dann die ganze Geschichte schön in dein Schreibbuch.

Der hinterlistige Vampir

„Schnipp, schnapp, gleich sind die Blumen ab“, dachte Josef, der sich mit einer scharfen Schere hinter der Mauerecke des Kaffeehauses versteckte. Der richtige Moment war gekommen und schwupp, schon waren die Blüten der Rosen abgeschnitten. Sogleich versteckte sich Josef wieder hinter der Mauer und musste sich das Lachen verkneifen.

Nach einem kurzen Schock kam Herr Huber wieder zu sich und sagte: „Was fällt dir denn ein?“ Plötzlich kam der Vampir hervor und platzte fast vor Lachen. Traurig machte der Mann sich auf den Heimweg, als er sah, dass der Vampir mit Margarita davonging.

Es war ein schöner Sommertag und der immer freundliche Herr Huber verabredete sich mit seiner Verlobten Margarita im Kaffeehaus Praining.
Der Vampir Josef, der immer zu Streichen aufgelegt war, hatte aber mitbekommen, dass sich sein Nachbar Huber mit der schönsten Frau der Stadt treffen sollte.
Wütend rief er: „Das darf doch wohl nicht wahr sein. Ich hätte es verdient, ihr einen Blumenstrauß zu überreichen.“

Nach dem Küsschen holte Herr Huber die Blumen hervor und siehe da: Nur einen Haufen grüner Stängel hielt er in der Hand. Margarita kullerten beinahe Tränen über die Wangen. Doch anstatt zu weinen stieß sie einen Schrei aus, holte mit der Hand aus und gab Herrn Huber eine kräftige Ohrfeige.

Mit diesen Worten machte Josef sich auf den Weg zum Kaffeehaus. Tatsächlich, dort stand Herr Huber mit der schönen Margarita und hielt rote Rosen hinter seinem Rücken versteckt.

„Einen Plan, einen Plan“, wiederholte das Echo in der dunklen Gasse.
Mit diesen Worten machte Josef sich auf den Weg zum Kaffeehaus. Tatsächlich, dort stand Herr Huber mit der schönen Margarita und hielt rote Rosen hinter seinem Rücken versteckt.

Doch auf einmal huschte ein Lächeln über sein Gesicht und er rief mit lauter und Furcht einflößender Stimme: „Du gehörst mir, Margarita. Ich habe einen Plan.“

Bald fand Herr Huber wieder eine neue schöne Dame, doch Margarita wird er trotzdem niemals vergessen.

68

ÜBUNG

Schau die Bildgeschichte genau an. Stelle dir zunächst folgende Fragen und schreibe einige Stichwörter auf.

1. Wer sind die wichtigsten Personen? Gib ihnen Namen.

2. Wie soll die Geschichte geschrieben werden: lustig / traurig / enttäuscht (aus der Sicht der Eltern)?

3. Wie fühlt sich die Hauptfigur am Anfang und am Ende?

4. Wie könnte die Vorgeschichte aussehen? Was passiert nach dem letzten Bild?

5. Aus welcher Sicht willst du die Geschichte erzählen: als außenstehender Erzähler / als Junge / als Mutter / als Hund?

69 ÜBUNG

Schreibe nun die Geschichte in dein Heft oder Schreibbuch. Im Lösungsheft findest du ein Beispiel.

Nimm deinen Text unter die LUPE

70 ÜBUNG

Überprüfe anhand der Erzählung von Laura (Übung 67) nochmals die wichtigsten Punkte für eine gelungene Bildgeschichte und kreuze sie an.

- ☐ Die Figuren haben einen Namen.
- ☐ Alle Bilder sind gut verwendet.
- ☐ Was zwischen den Bildern geschieht, wird ausreichend geschildert.
- ☐ Die Erzählung hat eine Vorgeschichte und einen passenden Abschluss.
- ☐ Der Leser/Die Leserin kann die Erzählung auch ohne Bilder verstehen.
- ☐ Die Überschrift ist treffend.
- ☐ Wörtliche Reden, Gedanken und Gefühle beleben die Geschichte.

  Beispiel: ______________________________

  ____

- ☐ Die Wortwahl ist gut, der Satzbau abwechslungsreich.

  Beispiel: ______________________________

  ____

Was hätte Laura deiner Meinung nach besser beschreiben können?

____

____

71

ÜBUNG

Jeden geschriebenen Text sollst du daraufhin überprüfen, ob du deine Gedanken am besten formuliert hast. Streiche in folgenden Sätzen jene zwei Ausdrucksweisen durch, die dir nicht so gut gefallen oder die falsch sind.

1. Die Eltern schrieben einen Zettel und lagen ihn auf den Tisch.
   Die Eltern schrieben einen Zettel und legten ihn auf den Tisch.
   Die Eltern schrieben einen Zettel und legen ihn auf den Tisch.
2. Trotzdem wollte Jonas sich den Gruselfilm anschauen.
   Die Eltern hatten es ihm verboten und Jonas wollte sich den Gruselfilm anschauen.
   Obwohl es die Eltern verboten hatten, wollte Jonas sich den Gruselfilm anschauen.
3. Auf einmal erschien auf dem Bildschirm eine hässliche Gestalt.
   Auf einmal kam eine hässliche Gestalt hervorgeschossen.
   Auf einmal war auf dem Bildschirm eine hässliche Gestalt.
4. Jonas erschreckte sich und schrie auf.
   Jonas erschrak und schrie auf.
   Jonas ist erschrocken und schrie auf.
5. Er rannte in sein Zimmer und legte sich unter sein Bett.
   Wie der Blitz rannte er in sein Zimmer und krabbelte unter sein Bett.
   Er rannte in sein Zimmer unter das Bett.

Weitere Schreibideen

72

ÜBUNG

Schreibe die Bildgeschichte von Übung 64 aus der Sicht des Mannes, der Frau oder des Männchens.

73

ÜBUNG

Erzähle das Erlebnis mit dem Film (Übung 68) aus einer anderen Sicht (zB als Hund).

74

ÜBUNG

Wenn du Lust und Ideen hast, kannst du auch zum Bild von Seite 47 eine kleine Geschichte schreiben. Baue das ein, was du in den Übungen 58 und 59 überlegt hast. Im Lösungsheft findest du ein Beispiel.

AUF EINEN BLICK

Bildgeschichte

Überprüfe deine eigene Bildgeschichte anhand folgender Liste:

- Ich habe alle Bilder gut verwendet.
- Ich habe den wichtigsten Figuren Namen gegeben.
- Was zwischen den Bildern geschieht, habe ich ausreichend geschildert.
- Meine Erzählung hat eine Vorgeschichte und einen passenden Abschluss.
- Der Leser/Die Leserin kann die Erzählung auch ohne Bilder verstehen.
- Die Überschrift ist treffend.
- Wörtliche Reden, Gedanken und Gefühle beleben die Geschichte.
- Ich habe auf gute Wortwahl und abwechslungsreichen Satzbau geachtet.
- Ich habe meinen Text aufmerksam durchgelesen (eventuell auch einmal von hinten nach vorne) und dabei auf Fehler in der Grammatik und Rechtschreibung geachtet.
- Bei Zweifelsfällen habe ich im Wörterbuch nachgesehen.

SCHREIBEN, EINFACH SO

Schreibe in die Spirale drei zusammenhängende Sätze. Beginne mit:

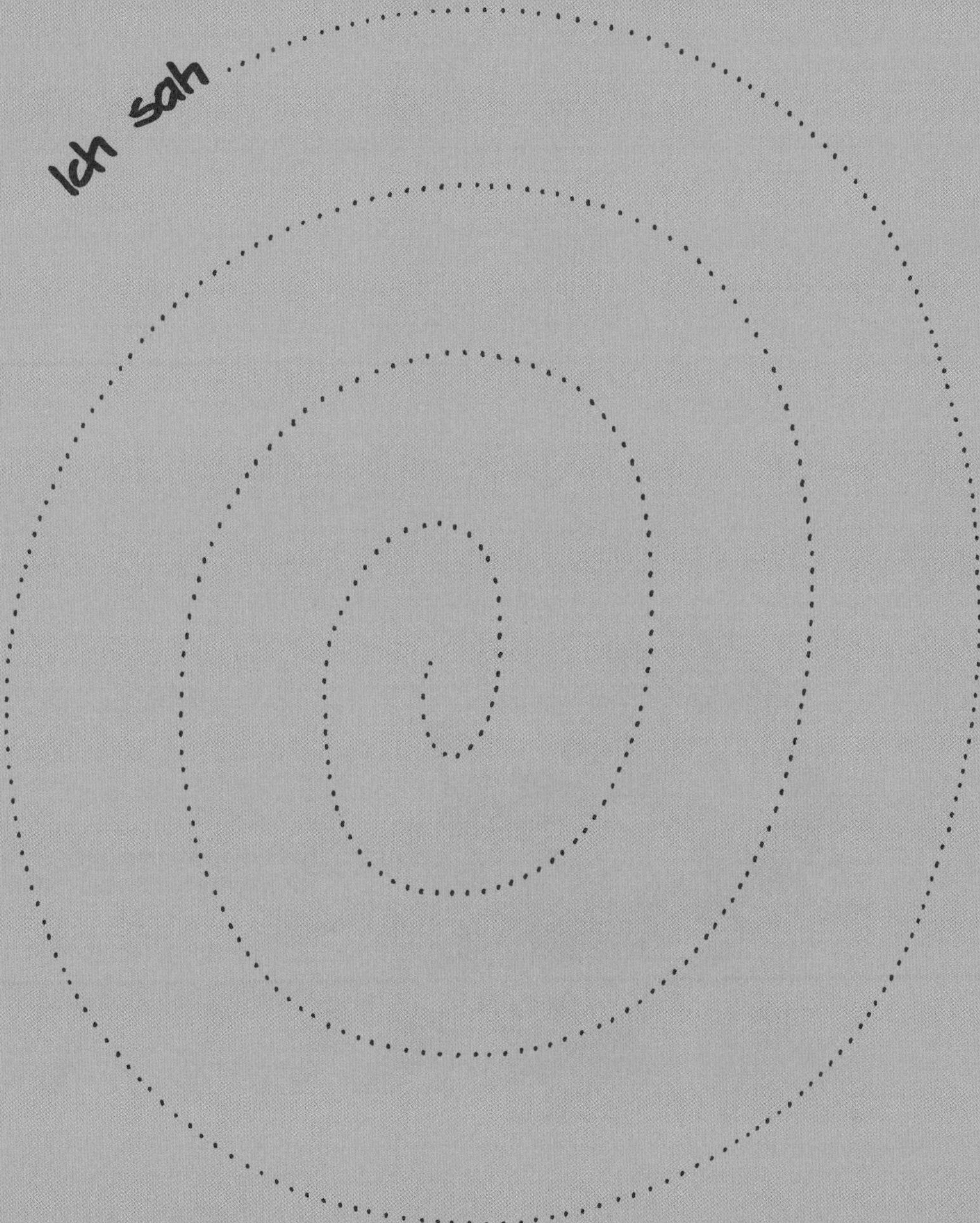

GESCHICHTEN AUS UNSEREM LEBEN

Unsere Tage sind voll von Erlebnissen. Manche davon beschäftigen uns noch lange Zeit, weil wir uns dabei besonders gefreut, geärgert oder gefürchtet haben. Manche wieder erscheinen uns ganz alltäglich und trotzdem wollen wir sie anderen Menschen mitteilen. Von allen diesen Ereignissen erzählen wir oft und gerne.
Manchmal schreiben wir diese Erlebnisse auch auf, weil wir dafür sorgen wollen, dass sie nicht vergessen werden. Auch in der Schule ist es wichtig, selbst erlebte Geschichten zu erzählen und zu schreiben.
Hier schlagen wir dir ein paar Ideen vor, die dir helfen, so richtig lebendige Erlebniserzählungen zu schreiben.

IDEEN FINDEN

Bilder als Erinnerungshilfe

Bestimmt warst du auch schon einmal auf einem Jahrmarkt. Wo war das? Womit bist du gefahren? War auch eine Achterbahn dabei? Wie hat dir das gefallen? Wer war mit dir dort? Kannst du dich noch an das Gefühl erinnern, als die Bahn so in die Tiefe gesaust ist?
Ein Bild, wie du es oben siehst, hilft uns dabei, Erlebtes ins Gedächtnis zurückzurufen. Beim Anschauen von Fotos erzählen wir oft damit verbundene Erinnerungen.
Sicher gibt es auch in deiner Familie Fotos von besonderen Ereignissen. Suche dir ein Bild aus, das eine ganz bestimmte Geschichte, die du erlebt hast, in dir wachruft.

75 **ÜBUNG**

Schreibe nun Wörter auf, die dir einfallen, wenn du dich daran erinnerst.

Zuckerwatte, Geisterbahn, Geschwindigkeit, ______________________

____

____

Mit allen Sinnen

Um anderen ein deutliches Bild unserer Geschichte geben zu können – sie haben sie ja schließlich nicht miterlebt – brauchen wir beim Erzählen alle unsere Sinne (Sehen, Hören, Riechen, Schmecken, Fühlen). Andere Übungen dazu findest du im Kapitel „Beschreiben" (Seiten 82 bis 102).

76 **ÜBUNG**

Schau aus deinem Fenster. Schreibe alles, was dir einfällt, in die Fensterscheibe.

- Was siehst du?
- Welche Farben siehst du?
- Wonach, denkst du, riecht es da draußen? Woran erinnert dich der Geruch?
- Gibt es einen Gegenstand, der dir besonders auffällt? Wie groß ist er? Wie, glaubst du, fühlt sich der Gegenstand an?
- Was kannst du hören? Gibt es ein ungewöhnliches Geräusch oder eines, das du nicht erkennst? Was könnte es sein?

Alle diese Überlegungen können dir helfen, dich genau an ein Ereignis, das du erlebt hast, zu erinnern. Außerdem wird es dir dann besonders gut gelingen, lebendig und interessant zu erzählen.

77 ÜBUNG

Betrachte noch einmal das Bild auf Seite 60. Stell dir vor, du bist auf der Achterbahn, dort, wo die Kinder sitzen. Was hörst du dort? Was riechst du? Was siehst du? Was schmeckst du? Was spürst du? Schreibe auf, was dir einfällt.

das Kreischen der Kinder

Reizwörter

kühl – Welle – Wassermelone – kriechen – klebrig – schlucken – blau

Mit welchen dieser Wörter verbindest du ein Ereignis, ein Gefühl, ein Bild, eine Erinnerung?

78 ÜBUNG

Formuliere mit jedem der Wörter einen Satz. Am wichtigsten ist es dabei, dass du dich deutlich an etwas erinnerst. Wenn dir bei einem Wort nichts einfällt, dann lasse es einfach aus.

Cluster

Ein Cluster (englisches Wort für „Büschel" oder „Traube") hilft dir, dich an Erlebnisse zu erinnern, ohne dass du dich dabei anstrengen musst. Um einen solchen Cluster zu entwerfen, setzt du dich ganz entspannt an einen schönen Platz und legst ein leeres Blatt Papier vor dich hin. Dann schreibst du ein Wort in die Mitte des Blattes und kreist es ein. Von diesem Wort ausgehend notierst du alle Wörter, die dir in den nächsten paar Minuten in den Sinn kommen. Kreise jedes Wort, das du aufschreibst, ein. Auf diese Weise entsteht ein ganzes Netz von Ideen und Erinnerungen. Versuche so wenig wie möglich nachzudenken, sondern lasse deine Gedanken einfach fließen.

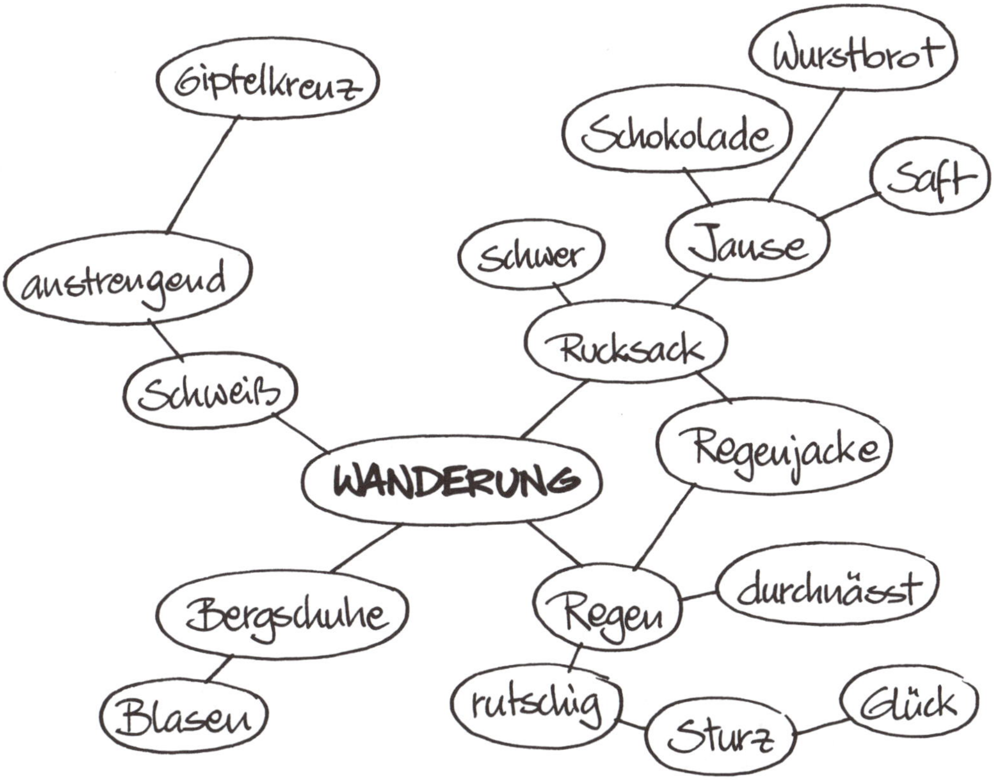

79

ÜBUNG

Versuche jetzt selbst einen Cluster. Als kleine Hilfe haben wir dir ein „Muster" aufgezeichnet. Du kannst natürlich noch weitere Wörter und Kreise hinzufügen.

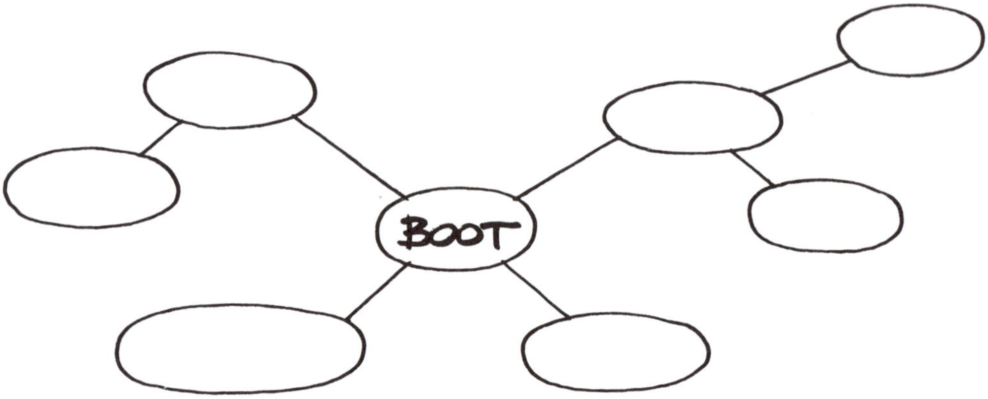

Planen und ordnen

80

ÜBUNG

Lies dir durch, was Peter auf seinem Schulweg passiert ist.

Peter kommt von der Schule nach Hause.
„Stell dir vor, Mama, was heute in der Straßenbahn passiert ist. Ich hab gerade mit der Kerstin Gameboy gespielt, da ist ein Mann eingestiegen und hat sich neben uns gesetzt. Ich glaube, der ist ein Chef. Und dann ..."
„Wieso denkst du, er ist ein Chef, Peter?"
„Na ja, er hat einen Aktenkoffer gehabt und hat immer mit seinem Handy telefoniert. Da ging es um irgendwelche Verträge oder so. Außerdem hat er einen Anzug und eine Krawatte getragen. Und dann ist ein Kontrollor eingestiegen und hat den Schwarzfahrer erwischt."
„Moment mal, wer ist erwischt worden?"
„Na, der Chef, er hat keine Fahrkarte gehabt. Er hat dann auf der Mozartkreuzung schon wieder aussteigen müssen, aber vorher hat er noch gesagt, dass die Kerstin seine Fahrkarte in der Schultasche hat. So eine Gemeinheit! Aber der Kontrollor hat ihm nicht geglaubt, zum Glück! Wir haben schon gefürchtet, dass wir auch für Schwarzfahrer gehalten und bestraft werden."
„Wann ist denn das alles passiert?"
„In der Früh, auf dem Weg zur Schule. Ich glaube, der Chef ist heute ziemlich spät in die Arbeit gekommen."

Bevor du dich an das Schreiben einer Geschichte machst, ist es hilfreich, dich gut an das Erlebte zu erinnern und dir dann ein Gerüst zurechtzulegen, an das du dich beim Erzählen halten kannst. In der Straßenbahn-Geschichte stellt die Mutter einige Fragen, damit sie sich auch wirklich auskennt. Diese Fragen kannst du beantworten und als Plan für deine Erzählung verwenden.

Der Erzählplan

- Warum erzähle ich das?
- Was ist der zentrale Punkt, vielleicht auch der Höhepunkt meiner Geschichte?
- Wie geht meine Geschichte aus, was ist das Ende?
- Wer sind die beteiligten Personen?
- Wo und wann spielt die Geschichte?
- Ist das Ereignis, von dem ich erzähle, lustig, traurig, spannend, beeindruckend, ärgerlich, beängstigend?

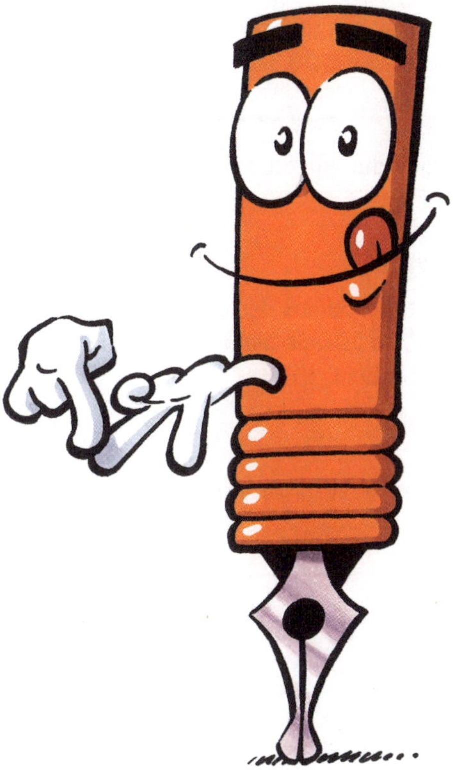

Nun hast du schon viel Stoff für deine Erlebniserzählung gesammelt. Um sie zu schreiben und für deine Leser so zu gestalten, dass sie auch ganz genau wissen, was du erlebt hast und warum du es erzählst, musst du deine Geschichte in Erzählschritte ordnen.

Peter erzählt sein Straßenbahn-Erlebnis ziemlich ungeordnet, wie wir das mündlich oft tun. Für das schriftliche Erzählen benötigst du die Ereignisse der Reihe nach.

81 ÜBUNG

Schreibe in jeweils einem Satz auf, was der Reihenfolge nach in der Straßenbahn (siehe Seite 64) geschehen ist. Die ersten beiden Erzählschritte sind vorgegeben.

Beispiel: 1. Erzählschritt: Peter und Kerstin fuhren mit der Straßenbahn.
2. Erzählschritt: Ein Mann mit einem Aktenkoffer setzte sich zu ihnen.

3. Erzählschritt: ______________________________

4. Erzählschritt: ______________________________

5. Erzählschritt: ______________________________

6. Erzählschritt: ______________________________

Schreiben

Die folgenden Beispiele zeigen dir, wie du deine Erzählung lebendig und interessant gestalten kannst.

Die Erzählung anfangen

Der Anfang deiner Geschichte, besonders der erste Satz, soll das Interesse deiner Leserinnen und Leser wecken, sodass sie mehr wissen wollen.
Du hast dafür verschiedene Möglichkeiten:

- **Das Besondere zuerst:**
  Die Party zu meinem zehnten Geburtstag war eine richtige Katastrophe.

- **Direkte Rede:**
  „Wann fängt denn die Geburtstagsparty an?", wollte meine Großmutter wissen.

- **Direkter Einstieg:**
  Ich öffnete die Wohnzimmertüre. Da war die Torte mit zehn brennenden Kerzen, meine Geburtstagstorte.

- **Mit Informationen zu den W-Fragen (wer, was, wann, wo) beginnen:**
  An meinem zehnten Geburtstag waren alle meine Freunde zu meiner Party eingeladen.

82

ÜBUNG

Schreibe jetzt selbst zwei unterschiedliche Anfangssätze zu Peters Straßenbahngeschichte.

Lebendig erzählen

Damit deine Geschichte interessant wird, sollst du dir überlegen, was der wichtigste Teil deines Erlebnisses ist.
Das gilt natürlich auch für lustige, traurige, spannende oder aufregende Geschichten.

83

ÜBUNG

Denke noch einmal an Peters Straßenbahngeschichte von Seite 64. An welcher Stelle der Geschichte, denkst du, bekommt Peter heftig Herzklopfen? Markiere den Satz, der diese Situation beschreibt, mit einem bunten Stift.

- Kerstin und Peter spielten Gameboy.
- Der Mann trug einen Aktenkoffer.
- Die Fahrkarten wurden kontrolliert.
- Der Mann mit dem Aktenkoffer behauptete, dass seine Fahrkarte in Kerstins Schultasche sei.
- Der Mann musste an der Mozartkreuzung aussteigen.

84 ÜBUNG

Kreise drei Wörter ein, die für diese wichtige Stelle der Erzählung passend sind. Die Wörter kannst du verwenden, um diesen Abschnitt der Geschichte zu gestalten.

erschrecken lachen Angst anstarren Gemeinheit
gelangweilt süß Musik packen zuhören lustig böse

85 ÜBUNG

Schreibe auf, was verschiedene Personen in der Straßenbahn gesagt haben. Deine Geschichte wird auch dann sehr lebendig, wenn du viele Personen, die darin vorkommen, sprechen lässt.

Der Mann mit dem Koffer schrie: „Ich habe am Hauptplatz eine Fahrkarte gekauft. Ich habe ganz genau gesehen, wie dieses Mädchen sie aus meinem Koffer gestohlen und in ihre Schultasche gesteckt hat. Schauen Sie doch nach, dann werden Sie die Fahrkarte finden!"

1. Peter verteidigte Kerstin: ______________________________

2. Kerstin brachte kaum ein Wort heraus: ______________________________

3. Der Kontrollor meinte nur: ______________________________

Den Schluss gestalten

Zu einer gelungenen Geschichte gehört immer ein deutlicher Schluss.
Wie beim Beginn hast du auch beim Ende deiner Erzählung verschiedene Möglichkeiten:

- **Das Ereignis zusammenfassen**

  Und so saßen wir schließlich doch noch alle um den Esstisch und hatten auch ohne Geburtstagstorte großen Spaß zusammen.

- **Das Wichtigste betonen**

  Seit dieser Geburtstagsparty weiß ich, dass Daniel mein bester Freund ist, auch wenn wir manchmal heftig streiten.

- **Direkte Rede**

  „Na dann", meinte meine Oma, „und wer will jetzt noch beim Aufräumen helfen?" Da lachten wir alle und riefen um die Wette: „Ich!"

- **Eine Hoffnung ausdrücken**

  Hoffentlich gehen alle Geburtstagsfeiern so gut aus.

86

ÜBUNG

Hier findest du vier Beispiele für das Ende der Straßenbahngeschichte. Schreibe unter jedes Beispiel, um welchen Schluss es sich handelt.

1. Kerstin und Peter schauten noch auf den Mann mit dem Aktenkoffer zurück, der an der Mozartkreuzung stand. Sie waren beide sehr erleichtert, dass für sie alles gut ausgegangen war.

2. Noch beim Einschlafen musste sich Peter sehr darüber ärgern, dass seine Freundin zu Unrecht verdächtigt worden war.

3. „Also dann, bis morgen. Das werde ich jetzt gleich meiner Mutter erzählen", sagte Peter und winkte Kerstin zu, bevor er ausstieg.

4. „Ich hoffe, dass uns so etwas Aufregendes nicht mehr so bald passiert", dachte Peter.

Nimm deinen Text unter die LUPE

Im folgenden Text erzählt Konstantin von einer aufregenden Nacht im Zelt. Die Geschichte ist ihm wirklich gut gelungen. Die Bemerkungen am Rand können dir helfen zu erkennen, was er getan hat.

„Bitte, Mama, bitte, lass mich bei Markus im Zelt übernachten! Ich habe meine Hausübung doch schon gemacht!", bettelte ich. „Na gut, dann geh halt, aber du musst um neun Uhr schlafen gehen!", seufzte meine Mutter.	Der Text beginnt mit einer direkten Rede.
Eine Stunde später radelte ich zu meinem Freund. Ein bisschen aufgeregt war ich schon: Zelten in einem riesigen Garten. „Hallo!", begrüßte mich Markus, als ich das Haus betrat. Nach einer kleinen Stärkung bauten wir das Zelt auf. Es war gar nicht so einfach und wir plagten uns ziemlich damit. Doch schließlich blickten wir voll Stolz auf unser Werk.	
Als es zu dämmern anfing, ließen wir uns im Zelt nieder. Wir waren schon etwas müde, spielten noch ein wenig und erzählten uns Horrorgeschichten. Markus war wirklich ein begabter Erzähler: Bei seinen Geschichten lief mir ein Schauer über den Rücken!	Hier wird es spannend.
Plötzlich wachte ich auf. Langsam erinnerte ich mich: Wir hatten uns schreckliche Geschichten erzählt und dann dürften wir eingeschlafen sein. Jetzt war es halb zwölf. „Was war das?", rief ich. „Hast du was gesagt?", stöhnte Markus und rieb sich die Augen. Er war von meiner Frage erwacht. „Ich habe irgendetwas gehört. Da! Da ist es schon wieder. Dort!"	Hier wirkt die direkte Rede spannend.
Mein Herz raste und mir schossen die wildesten Horrorfiguren durch den Kopf. Durch die Wand des Zeltes sah man die Konturen von Wölfen, Monstern, Hexen und Vampiren. „Hilfe! Hilfe! Wer ist da?", brachten wir gerade noch heraus. Eng umklammert starrten wir auf die Zeltplane.	Hier wird es noch spannender.
„Wir werden euch holen!", klang es auf einmal gefährlich. „He, warte mal, die Stimme kenn ich doch. Papa!", rief mein Freund.	Jetzt passiert etwas!
Kurze Zeit später saßen wir am Esstisch in Markus' Haus und tranken heiße Honigmilch. Und wir lachten über die Hexen und Vampire, die uns eine wirklich aufregende Nacht bereitet hatten.	Am Schluss wird das Erlebnis noch einmal zusammengefasst.

Die Verwendung der Erzählzeit

Die Zeitform des schriftlichen Erzählens ist die Mitvergangenheit (das Präteritum). Überprüfe bei deinen Texten, ob du in der richtigen Zeitform erzählt hast.

87 ÜBUNG

Lies die folgenden Sätze und kreuze die an, die in der Mitvergangenheit stehen.

- [x] Florian spielte den Ball mit dem Kopf zurück.
- [ ] Ich habe einen riesigen Hund gesehen.
- [ ] Die Katze geht gerne in der Nacht aus dem Haus.
- [ ] Mein Freund ist in den Ferien nach England geflogen.
- [x] Dann verließen wir das Haus.
- [x] Julia spannte ihren Regenschirm auf.
- [ ] Tobias und Marie erzählen sich Geistergeschichten.

88 ÜBUNG

Bilde die Mitvergangenheit der folgenden Sätze.

1. Peter hat gestern auf der Straße 50 Euro gefunden.
   Peter fand gestern auf der Straße 50 Euro.
2. Ein Italiener hat mich nach dem Weg gefragt.
   Ein Italiener fragte mich nach dem Weg.
3. Zu Ferienbeginn hat es auf der Autobahn einen großen Stau gegeben.
   Zu Ferienbeginn gab es auf der Autobahn einen großen Stau.
4. Beim Marathon ist der Mann aus Kenia Bestzeit gelaufen.
   Beim Marathon lief der Mann aus Kenia Bestzeit.
5. Evi hat sich in der Turnstunde den Fuß verletzt.
   Evi verletzte sich in der Turnstunde den Fuß.

89 ÜBUNG

Schreibe die beiden kurzen Witze in der Mitvergangenheit auf.

- Die Mutter **kommt** nach Hause. Sie **fragt** ihren Sohn: „**Ist** jemand da **gewesen**?" Darauf **antwortet** der Sohn: „Ja." Die Mutter **will wissen**: „Wer?" Der Sohn **meint**: „Ich." Die Mutter **entgegnet**: „Nein, ich meine, ob jemand **gekommen ist**." Der Sohn **sagt**: „Ja, du!"

Die Mutter kam nach Hause. Sie fragte ihren Sohn: „War jemand da?" Darauf antwortete der Sohn: „Ja." Die Mutter wollte wissen: „Wer?" Der Sohn meinte: „Ich." Die Mutter engegnete: „Nein, ich meine, ob jemand gekommen war." Der Sohn sagte: „Ja, du!"

- Josip **soll** einen Aufsatz über ein Fußballspiel schreiben, aber ihm **fällt** nichts ein. Also **schreibt** er: Der Platz **ist** nicht bespielbar **gewesen**.

Josip sollte eine Aufsatz über ein Fußballspi schreiben aber ihm fiel nichts ein. Also schrieb er: Der Platz war nicht bespi

Beim Schreiben von Texten ist es wichtig, treffende und richtige Wörter und Sätze zu verwenden. Überprüfe Wortwahl und Satzbau deiner Texte.

90 ÜBUNG

Finde bessere Ausdrücke und Formulierungen.

1. Das dort drüben ist der Junge, der was in unserer Schule neu ist.

2. Sein Name heißt Markus.

3. Gestern spielten wir im Turnunterricht ein Fußballspiel.

4. Unsere Mannschaft hat gewonnen, weil Markus voll viel Tore geschossen hat.

5. Unsere Freude war eine große.

6. Markus ist wirklich der superste Fußballspieler in unserer Klasse.

91 ÜBUNG

Folgende Sätze sind komplizierte Schachtelsätze. Mache zwei oder drei einfachere Sätze daraus.

1. Cornelia sah im Kino den neuen Actionfilm und Tom Cruise spielte die Hauptrolle und die Zeitungen berichteten begeistert von dem Film.

2. Der Junge ging in den Park und spielte mit seinen Freunden und dann aß er ein Eis und schließlich fing es an zu regnen und er lief schnell heim.

3. Iris trifft ihre Freundin und sie gehen ins Kino und ihre Mutter ist krank und kann nicht mit dem Auto fahren und sie müssen den Bus zum Kino-Center nehmen.

4. Markus hatte, weil er Durst hatte, das Wasser so schnell, dass er Bauchschmerzen bekam, getrunken und er bekam auch Halsschmerzen und am nächsten Tag war er krank.

92 ÜBUNG

„Gehen" kannst du auf sehr unterschiedliche Weise. Die verschiedenen Möglichkeiten kannst du auch sprachlich ausdrücken. Sammle Wörter, die dir einfallen, und schreibe sie auf. In den beiden Kreisen findest du Hilfe.

watscheln,

Ente ✓
Frosch
Betrunkener
Parkbesucher
Brautpaar
um die Wette
Elefant
mit Stöckelschuhen
Katze

Schnecke
wie eine Maus
Soldaten
müde
Pfau
im Wasser
durch Schnee
durch die Stadt
mit Rucksack

93 ÜBUNG

Auch für das Zeitwort „machen" gibt es verschiedene andere Möglichkeiten. Ordne die Zeitwörter so zu, dass keines übrig bleibt.

das Frühstück	zeichnen
einen Kuchen	zubereiten
ein Geschenk	veranstalten
Mut	zusprechen
einen Kreis	bauen
ein Geburtstagsfest	basteln
die Hausübung	besuchen
einen Kurs	schreiben
einen Drachen	backen

94 ÜBUNG

In der folgenden Geschichte sind die Punkte am Ende der Sätze verloren gegangen. Setze die Punkte. Was musst du noch verändern, damit die Sätze richtig sind?

In den letzten Sommerferien verbrachten wir eine Woche bei meiner Oma in Kroatien eines Abends fand meine Mama dort eine kleine Katze sie saß neben der Mülltonne und miaute leise sie war noch sehr jung weil sie so schön aussah, nahm Mama sie mit ins Haus das Kätzchen durfte in meinem Bett schlafen am nächsten Morgen erwachte ich davon, dass etwas an meinem Ohr schnurrte ich freute mich sehr und gab dem Kätzchen den Namen Kiki dann ging ich mit ihm in den Garten und schaukelte es im Liegestuhl nach dem Urlaub nahmen wir Kiki mit nach Hause jetzt ist sie schon eine große Katze geworden

Weitere Schreibideen

95 **ÜBUNG**

Schau dir das Bild auf Seite 60 noch einmal an und schreibe eine Geschichte dazu.

96 **ÜBUNG**

Benütze den Cluster auf Seite 63 und erzähle eine Geschichte, die dir dazu einfällt.

97 **ÜBUNG**

Die Reizwörter auf Seite 62 kannst du verwenden, um eine Geschichte zu erzählen.

98 **ÜBUNG**

Schreibe die Straßenbahn-Geschichte von Peter auf. Du kannst dazu alle Teile, die du schon erarbeitet hast, verwenden.

99 **ÜBUNG**

Schreibe über etwas Witziges, das du einmal erlebt hast.

Erlebtes erzählen

Überprüfe deine eigene Erlebniserzählung anhand folgender Liste:

- Ich habe mir überlegt, was genau ich erzählen will.
- Ich habe einen Anfang gefunden, der Lust aufs Weiterlesen macht.
- Die einzelnen Erzählschritte sind gut erkennbar und verständlich.
- Meine Geschichte hat einen passenden Abschluss.
- Ich habe die Geschichte durch wörtliche Reden und treffende Ausdrücke lebendig gestaltet.

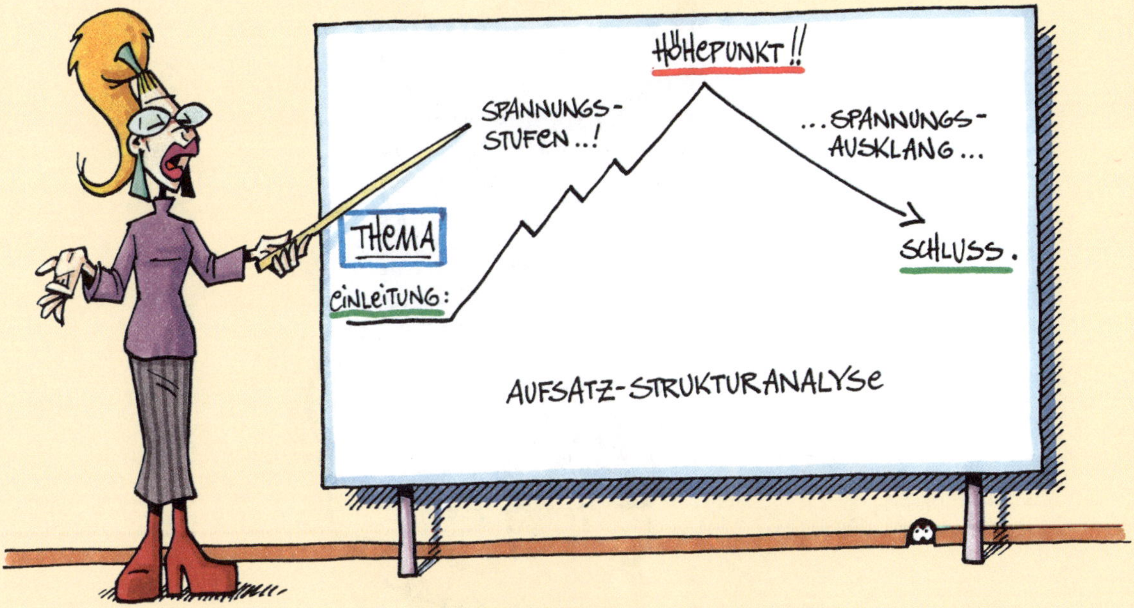

BESCHREIBEN UND BERICHTEN

MIT ALLEN SINNEN

Bei allen Textsorten, die etwas beschreiben oder über etwas berichten, musst du genau hinschauen, hinhören, hinriechen ... einfach all deine Sinne einsetzen.
Die folgenden Übungen sollen dir helfen, dich auf das aufmerksame Hören oder Hinsehen oder Riechen zu konzentrieren.

100 ÜBUNG

Hören

Nimm dir einen großen, leeren Zettel und einen Stift und geh in einen Raum in eurer Wohnung, in dem sich eine andere Person aufhält.
Bitte sie, einfach mit ihrer Tätigkeit weiterzumachen.
Setz dich auf den Boden, mach die Augen zu und konzentriere dich möglichst lange darauf, was du hörst. Mach dann Notizen auf deinem Zettel.
(Wenn du blind schreiben kannst, kannst du sogar schreiben, während du die Augen geschlossen hast.)
Vielleicht interessiert es die Person, die du beobachtet hast, welche Geräusche du wahrgenommen hast. Lies das Geschriebene vor und redet darüber.
Hast du viel erraten? Hast du viel außerhalb der Wohnung wahrgenommen?

101 ÜBUNG

Sehen

Nimm ein Blatt Papier, eine Schreibunterlage und einen Stift. Setz dich damit unter deinen Schreibtisch und schreib möglichst viele Dinge auf, die du jetzt siehst.

Beispiel: mein Bett aus Holz
darunter: alte zerknüllte Zeitungen

Und, haben dich diese neuen Eindrücke überrascht?

102 ÜBUNG

Riechen und Fühlen

Für diese Übung brauchst du einen Partner: Freunde, Geschwister, Mama, Papa, Oma, Opa … es funktioniert mit allen.
Du brauchst eine Augenbinde und die Lebensmittel, die du bei euch in der Küche findest.
Dein Partner oder deine Partnerin setzt sich auf einen Sessel in der Küche und du verbindest ihm oder ihr die Augen. Dann holst du ein Lebensmittel aus Kasten oder Kühlschrank und er oder sie muss erraten, was es ist. Die Augen sind natürlich verbunden, also kannst du nur riechen und fühlen.
Nach fünf Lebensmitteln tauscht ihr die Positionen, jetzt musst du raten!

103 ÜBUNG

Mit allen Sinnen

Erledige unbedingt die Übungen 100 bis 102, bevor du diese Übung beginnst!

Schließe die Augen und erinnere dich möglichst intensiv an eine der folgenden Situationen. Erst nach einigen Minuten Konzentrieren nimmst du ein Blatt Papier und schreibst Folgendes auf:

Was ich in dieser Situation …

… sehe

… höre

… rieche

… fühle

Situationen, aus denen du auswählen kannst:

- Geburtstagsparty
- Weihnachtsfeier in der Familie
- schöner Sommertag am See oder im Freibad
- Skifahren
- mit meinem Haustier spielen
- …

104 ÜBUNG

Tierisch oder menschlich? Hier schwirren viele Satzteile durcheinander – welche davon beschreiben Menschen, welche Tiere, welche könntest du für Mensch und Tier verwenden?

Markiere so:
Mensch (Wellenlinie) Tier (unterstrichen) für Mensch und Tier möglich (doppelt unterstrichen)

Phrasen

glattes Haar
lackierte Fingernägel
lange Hinterläufe
ein glänzendes Fell
große Augen
einige Pickel auf der Nase
einen Vollbart/Schnurrbart
eckige Brillen
Sommersprossen
eine weiche Schnauze
lange Wimpern
eine gerade Körperhaltung
einen schmalen/vollen Mund
einen traurigen Blick
lange, gebogene Krallen
lange, weiße Barthaare

105 ÜBUNG

Sprachgefühl gefragt

Nun findest du einige Sätze, die in deiner Beschreibung vorkommen könnten. Was denkst du, welche der Sätze würdest du in einem mündlichen Gespräch verwenden und welche in einer schriftlichen, sachlichen Beschreibung? Schreib dazu: **m** (für mündlich) oder **s** (für schriftlich)

1. Der hat echt voll fertig ausgeschaut! ☐
2. Er trug ausgewaschene Jeans und ein schwarzes T-Shirt. ☐
3. Ihre roten, leicht welligen Haare hatte der Wind gehörig durcheinandergebracht. ☐
4. Er hat voll viele Pickel und seine Haare sind oft echt ekelig fettig. ☐
5. Sie trägt eine eckige, schwarze Brille, die durch ihre knallroten Bügel sehr auffallend ist. ☐
6. Wie die meisten Jungs in der Klasse trägt er gerne oversize T-Shirts und baggy Jeans. ☐

BESCHREIBEN

Ideen sammeln

Wenn du eine Person, ein Tier oder einen Gegenstand beschreibst, dann hilft es dir vielleicht, wenn du dir ein Bild davon aufzeichnest und dann Notizen dazu machst, was du alles beschreiben könntest.

106 ÜBUNG

Beschreibe ein Familienmitglied.

Ein Strichmännchen, das du dir aufzeichnest, kann dir dabei helfen, möglichst viele Ideen für eine Beschreibung zu sammeln. Ziehe einfach Striche von möglichst vielen Körperteilen weg und mach dir Notizen dazu! Wir haben schon mal angefangen …

Tipp: Noch mehr Platz zum Schreiben hast du, wenn du das Strichmännchen auf ein großes Blatt Papier zeichnest.

Planen und ordnen

Beschreibungen funktionieren dann am besten, wenn du dir schon für die Planung genug Zeit nimmst! Mache dir klar, was genau du beschreiben willst!

1. Betrachte die Person, den Gegenstand oder das Tier, das du beschreiben wirst. Nimm dir Zeit fürs Anschauen und Beobachten und mach dir Notizen.
2. Wähle die wichtigsten Elemente – nicht alles, was du siehst, muss in einer guten Beschreibung verwendet werden (die Anzahl der Haare auf dem Kopf ist überflüssig).
3. Suche nach aussagekräftigen Wörtern (zu Farben, Beschaffenheit, Formen, Geräuschen, Gerüchen ...).
4. Sortiere deine Notizen.
5. Schreib einen ersten Entwurf.
6. Überarbeite diesen ersten Entwurf am nächsten oder übernächsten Tag.

Wenn du gesammelt hast, welche Details du beschreiben wirst, dann fragst du dich sicher oft, wie du diese Dinge sortieren sollst. Dazu hier ein paar Tipps:

- von vorne nach hinten
- von oben nach unten oder umgekehrt
- von links nach rechts oder umgekehrt
- im Uhrzeigersinn oder umgekehrt
- von außen nach innen oder umgekehrt
- vom Großen zum Kleinen
- vom Wichtigen zum Unwichtigen
- vom Speziellen zum Alltäglichen
- von Anfang bis Ende (bei einem Vorgang)
- Aussehen – Hobbys – besondere Eigenschaften / Wünsche / Träume / Geheimnisse
- Funktion – Aussehen – Besonderheiten (vor allem bei Gegenständen)
- Beruf – Aussehen – Besonderheiten

107 Übung

Von oben nach unten? Welche der oben genannten Reihenfolgen passen für die Beschreibung dieser Dinge oder Personen?

1. meine Katze ____________________
2. Toaster ____________________
3. Spielanleitung ____________________
4. mein Klassenvorstand ____________________
5. mein Lieblingsschauspieler ____________________
6. mein Klassenzimmer ____________________

108 ÜBUNG

Bastelanleitung

Schreibe die vorgegebenen Sätze in der richtigen Reihenfolge auf. Die Überschriften und Bilder helfen dir dabei!

Warum sich die Blüten öffnen, ist für Menschen, die etwas von Physik verstehen, kein großes Geheimnis: Die unbemalte Seite des Papiers saugt sich voll Wasser und dehnt sich aus. Die Blütenblätter brauchen Platz und öffnen sich.

Zeichne mit Hilfe einer Tasse oder mit einem anderen Gefäß einen Kreis auf Papier.

Falte die Blume auseinander, male sie nur auf der Oberseite bunt an und falte alle Blütenblätter zur Mitte.

Falte den Kreis dreimal zu einem Achtel zusammen. Zeichne das Blütenblatt auf die Oberseite und schneide das Papier rund um das Blatt herum ab.

Wir basteln eine chinesische Wunderblume. Diese ist eine ganz besondere Blume, sonst würde sie ja nicht „Wunderblume" heißen. Wenn du die geschlossene Blüte aufs Wasser legst, öffnet sie sich nach einer Weile von ganz allein, und die bemalte Innenseite wird sichtbar.

Welcher Gegenstand wird gebastelt?

Arbeitsschritt 1

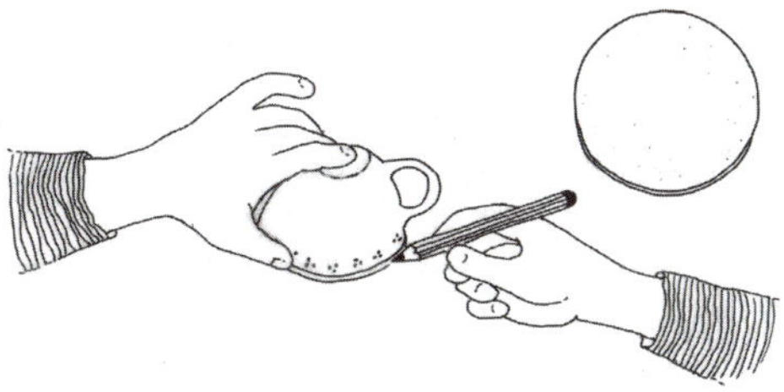

Arbeitsschritt 2

Arbeitsschritt 3

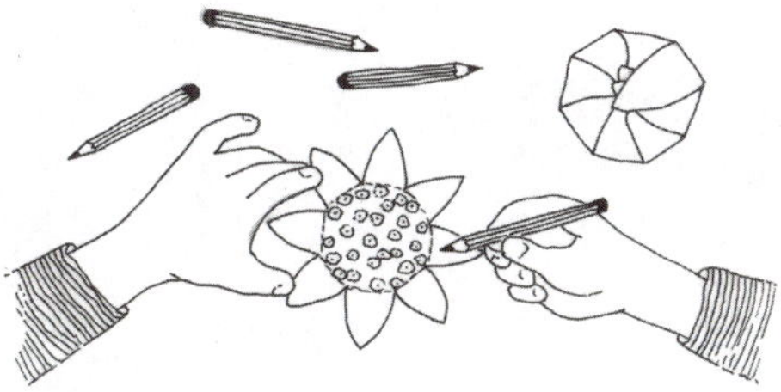

Erklärung

109

ÜBUNG

Einen Raum beschreiben

Auf der rechten Seite findest du eine gute Beschreibung des Raums, den du auf dem Bild siehst. Allerdings sind die Sätze noch nicht in der richtigen Reihenfolge.

- Sortiere sie nach diesem System:
  1. Allgemeine Aussage
  2. Möbel in dieser Reihenfolge: beim Reingehen in den Raum im Uhrzeigersinn (beginnend mit dem Schreibtisch)
  3. Besonderheiten (was ich besonders daran mag)

- Überlege vor dem Sortieren:
  1. Welche Sätze beziehen sich auf vorangegangene Sätze und scheiden somit als erster Satz aus? Satz ______, Satz ______ und Satz ______
  2. Welcher Satz macht eine ganz allgemeine Aussage über das Zimmer – das muss der erste Satz sein! Satz ______
  3. Welche Sätze sagen, was der Schreiber besonders an seinem Zimmer mag? (Das ist der letzte Absatz.)Sätze ______________

☐ a) An der Wand gegenüber der Eingangstür stehen meine Regale und mein Kleiderschrank.

☐ b) Davor steht ein Rollsessel mit blauer Auflage.
Über dem Schreibtisch hängt mein Kalender und über dem Bett hängen meine zwei Lieblingsbilder.

☐ c) Außerdem liebe ich meine wunderschönen Pflanzen auf dem Fensterbrett, die ich selbst gieße und pflege.

☐ d) Mein Kinderzimmer ist relativ klein, aber gemütlich.

☐ e) Das Bett steht übrigens gleich anschließend, direkt unter dem großen, lang gezogenen Fenster.

☐ f) Auf dem Boden liegt ein dicker, hellgrüner Teppich, auf dem ich früher immer meine Legoburg aufbaute.

☐ g) Mein Bett hat ein ausziehbares Gästebett in der Lade, deshalb können meine Freunde auch jederzeit bei mir übernachten.

☐ h) Gleich links von der Tür steht mein Schreibtisch, der wie alle Möbel im Raum aus Holz ist.

☐ i) Immer wenn ich beim Lernen eine kleine Pause brauche, schaue ich durch dieses Fenster ins Freie.

☐ j) Am meisten mag ich an meinem Zimmer das große Fenster, durch das ich auf die Bäume im Garten sehen kann.

110 ÜBUNG

Schreib den Text in der richtigen Reihenfolge auf!

111 ÜBUNG

Pagenschnitt & Co

Bei Personenbeschreibungen werden sehr oft spezielle Wörter verwendet, um ein genaues Bild von einem Menschen zu geben. Schreibe diese Wörter in die entsprechende Spalte. Wenn du dir bei einem Wort nicht ganz sicher bist, was es bedeutet, dann frag jemanden. Nur Wörter, die du auch wirklich richtig verstehst, kannst du in deinen Texten verwenden!

beleibt	langer Oberkörper	schütteres Haar
dürr	Leberfleck	Sommersprossen
fahle Haut	mager	stechende Augen
feine Haare	mollig	Stirnfransen
gebückt	muskulös	struppige Haare
gertenschlank	Muttermal	tief liegende Augen
gewellte Haare	Pagenkopf	verkniffener Mund
Glatze	rosige Haut	Vollbart
hager	Scheitel	volle Lippen
hohe Stirn	schmächtig	volles Haar
kräftig	Schnurrbart	zierlich

Haare (Frisur und Bart)	Körperteile und Merkmale	Körperbau

Überlege dir zu jeder Spalte noch jeweils drei Wörter!

112

ÜBUNG

Wellinchen oder Kanittich?

Hier sind zwei Beschreibungen ineinandergerutscht: Kaninchen Hoppel und Wellensittich Pipsi. Sortiere sie!

Schreib zuerst bei jedem Satz ein K für Kaninchen oder ein W für Wellensittich dazu. Nummeriere dann erst alle „Kaninchen-Sätze" von K1 bis K6 und alle „Wellensittich-Sätze" mit W1 bis W6.
Für den ersten Satz haben wir das schon erledigt: K für Kaninchen, 1 für Satz 1

Tier	Nummer	
K	1	Mein graues Haustier Hoppel hat eine ganz weiche Nase, die sich meistens sehr schnell bewegt.
___	___	Ganz hinten hat er einen kleinen, weißen Schwanz, den man bei diesen Tieren Blume nennt.
___	___	Mit seinem bräunlichen Schnabel und dem kleinen, runden Kopf sieht er sehr schön aus.
___	___	Nach dem Fliegen ist er hungrig und frisst am liebsten Mamas Blumenstöcke.
___	___	Seine auffallendsten Zähne sind die zwei riesigen Nagezähne im Obergebiss.
___	___	Mein Haustier Pipsi ist ein gelbes, ungefähr 15 Zentimeter großes Männchen.
___	___	Wenn ich seinen Käfig öffne, fliegt Pipsi gerne durch unsere Wohnung.
___	___	Mein Haustier ist rund und weich und hat ein kuscheliges, graues Fell.
___	___	Die Ohren bewegt Hoppel sehr gern, an ihnen erkenne ich immer, ob er sich fürchtet oder ob es ihm gut geht.
___	___	Sein Kopf ist rundlich und die Augen sehen aus wie zwei kleine, blaue Kugeln.
___	___	Am tollsten finde ich, dass ich Pipsis Käfig am Abend nur mit einem Tuch zudecken muss und er dann sofort still ist und einschläft.

Finde heraus, welche Reihenfolge gewählt wurde:
Welches der beiden Tiere wurde von oben nach unten bzw. vorne nach hinten beschrieben? ____________

Und welches Tier nach Aussehen, Vorlieben, Besonderheit? ____________

113

ÜBUNG

Ordne zu!

Tim, Jim, Tom und John sind Vierlinge. Sie sehen einander sehr ähnlich und tragen auch gern die gleiche Kleidung. Hier findest du vier Texte – finde heraus, welche Beschreibung zu welchem Bild passt!

Text 1

Tim ist ein sportlicher Typ, der wirklich gut Fußball spielt und auch gern andere Sportarten ausprobiert. Dass Tim Sport liebt, merkt man sofort, wenn man ihn sieht. Sein Körper ist durchtrainiert und muskulös, das ganze Jahr über hat er gebräunte Wangen und still sitzt er praktisch nie. Immer bewegt sich etwas an Tim: Sein Bein wippt, seine Arme gestikulieren wild oder ein Ball, ein Tennisracket oder Jonglierringe bleiben in Bewegung. Nur bei Sportarten, bei denen Körpergröße gefragt ist, kann Tim nicht recht mithalten, weil er der kleinste der Vierlinge ist.
Tim kleidet sich sportlich, er trägt fast immer Turnschuhe, Jeans und ein bequemes Shirt.

Text 2

John sieht fast genauso aus wie seine Zwillingsbrüder. Alle haben eine blonde Stehfrisur und strahlend blaue Augen. Ihr ziemlich großer Mund zeigt meistens ein Lächeln und dann sieht man ihre schönen, weißen Zähne.
Nur ein winzig kleines Muttermal auf seiner linken Wange unterscheidet John von seinen Brüdern.
John ist groß und sportlich und trägt auch gerne sportliche Kleidung. Meistens hat er Turnschuhe, Jeans und ein T-Shirt an.
Für seine Frisur braucht John viel Zeit und Gel, weil ihm eine perfekte Stehfrisur sehr wichtig ist.
Neben seiner Stehfrisur hat John seit ein paar Monaten ein neues Markenzeichen: seine Brille. Weil er oft viele Stunden vor seinem Computer sitzt, sind seine Augen oft rot und müde, beim letzen Augenarztbesuch wurde auch eine leichte Sehschwäche festgestellt. John entschied sich für ein auffallendes Brillenmodell, eine riesige runde Brille mit einem breiten, bunten Rahmen.

Text 3

Jim wirkt etwas älter als seine Zwillingsbrüder, weil er seine Stehfrisur gegen einen Seitenscheitel eingewechselt hat. „Jetzt seid doch nicht so kindisch!", hören seine Brüder oft von ihm.
Wenn Jim sich konzentriert, wirkt er sehr ernst und erwachsen, dann kneift er seine Augen zusammen und sein Mund wird zu einem dünnen Strich. Manchmal legt er sogar seine Stirn in Falten und knabbert an seinen Fingernägeln.

Text 4

Tom ist der Tollpatsch der Vier und das kann man gleich auf den ersten Blick sehen: Immer hängt ihm irgendwo eine Kleidermarke heraus, seine Kleidung hat meist Flecken und Löcher und seine Schuhe sind praktisch nie sorgfältig geschnürt. Tom stolpert bei jeder Gelegenheit, stößt Gläser vom Tisch und sucht dauernd seine Sachen: sein Handy, seinen Schlüssel oder seine Schulsachen.

Diese vier Personenbeschreibungen sind sehr unterschiedlich. Welche gefällt dir am besten?

114 ÜBUNG

Fehler gesucht!

Schau dir das Bild genau an und lies die Beschreibung aufmerksam durch. Fünf inhaltliche Fehler sind darin versteckt. Suche sie und stelle sie richtig!

Auf dem Foto ist Daniel Radcliffe zu sehen, der die Figur des Harry Potter in den Kinofilmen verkörpert.
Zum Zeitpunkt der Aufnahme ist Radcliffe ungefähr 25 Jahre alt. Er hat dunkelbraune, kurze, leicht wellige Haare. Seine blauen Augen wirken unter den relativ buschigen, dunkelbraunen Augenbrauen besonders hell. Auffallend ist sein recht kleiner, gerader Mund, der sein Gesicht konzentriert wirken lässt. Radcliffe trägt eine dunkle, eckige Brille, die dieselbe Farbe wie seine Haare hat. Zum weißen Hemd passt die dunkelrot-beige gestreifte Krawatte sehr gut. Der dunkelgraue Pullover mit Rollkragen scheint ein dünner Wollpullover zu sein. Auf seiner linken Schulter ist der Riemen einer Tasche zu sehen. Die Kleidung, die Radcliffe hier trägt, könnte eine englische Polizeiuniform sein.

115

ÜBUNG

Fertig schreiben

Diese drei Beschreibungen von Gegenständen sind nicht vollständig – kannst du sie ergänzen? Wähle eine aus und schreibe sie nach eigenen Ideen fertig!

Füllfeder
Füllfedern sind Schreibgeräte, die mit Tinte oder Tintenpatronen gefüllt werden. Sie haben ungefähr die gleiche Form wie Kugelschreiber: Sie sind bis zu 15 Zentimeter lang und haben einen Durchmesser von etwa einem Zentimeter. Ganz vorne sitzt eine Schreibspitze, die sogenannte Feder. Es gibt dünne Federn, die dünne Striche ziehen, und dicke Federn, die dicke Striche ziehen.
Meist bestehen Füllfedern aus Kunststoff, es gibt jedoch auch welche aus Metall oder Holz.
Die meisten Füllfedern werden mit blauen oder schwarzen Tintenpatronen gefüllt: Dazu schraubt man die Füllfeder auf und drückt die Patrone in den vorderen Teil, bis sie mit einem leisen „Klack" aufgestochen ist.
Alte bzw. altmodische Füllfedern saugen mit einem speziellen Mechanismus Tinte aus einem Tintenfass auf. Diese Füllfedern kann man normalerweise nicht aufschrauben.

Meine Füllfeder besteht aus …

Glücksbringer
Jeder beliebige Gegenstand kann ein Glücksbringer sein: ein Kuscheltier, ein Stein, ein Foto und vieles mehr. Allerdings ist es praktisch, wenn der Glücksbringer klein und handlich ist, dann kann man ihn überallhin mitnehmen. Viele Menschen nehmen Glücksbringer mit, wenn sie …

Mein Glücksbringer …

Handy
Mein Handy ist ein Nokia 5610 in Silber. Ich benutze es vor allem zum Telefonieren, zum Fotografieren oder Musikhören verwende ich es selten. Meine Eltern zahlen die Telefonrechnung, wenn die Sprechgebühr nicht mehr als 15 Euro pro Monat beträgt.

116

ÜBUNG

1, 2, 3 – Zauberei

Hier siehst du drei Bilder. Welches Bild passt zu welchem Text?

Bild Nr. 1

Bild Nr. 2

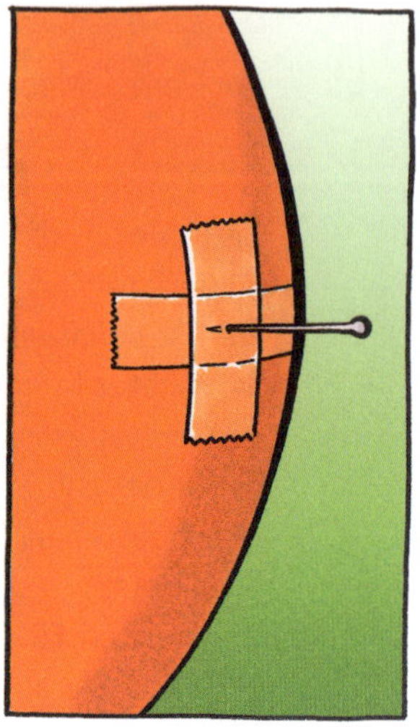

Bild Nr. 3

Der Heuler (dazu passt Bild Nr. ______)
Nimm einen Luftballon und ein Streichholz. Schneide dem Streichholz den Zündkopf ab und spanne das etwa drei Zentimeter lange Streichholz-Stück in das Mundstück eines aufgeblasenen Luftballons. Jetzt lässt du den Luftballon sausen.
Was passiert? Der Luftballon zischt davon und erzeugt einen Heulton, den du als Alarmanlage einsetzen könntest.
Warum? Im Luftballon steht die Luft unter großem Druck. Beim schnellen Ausströmen erzeugt sie Schallwellen, die du hören kannst: Durch das Streichholz und die weite Öffnung entsteht ein lauter Heulton!

Der feuerfeste Ballon (dazu passt Bild Nr. ______)
Fülle auch etwas Wasser mit in den Ballon und halte ihn über eine Flamme.
Was passiert? Der Ballon platzt nicht!
Warum platzt er nicht? Wasser leitet die Wärme weit besser als Luft. Du erwärmst also das Wasser, das wiederum die Haut deines Ballons kühlt und dadurch verhindert, dass er platzt.

117 ÜBUNG

Der Ballon-Fakir

Lies dir die Beschreibungen der zwei Ballontricks noch einmal aufmerksam durch und beschreibe dann in vollen Sätzen den „Ballon-Fakir"!

Hinweise: Ballon aufblasen, Klebeband drauf, Nadel einstechen – nichts passiert! Klebeband nimmt Spannungen auf – verhindert Platzen

Blase ______________________________

____

Was passiert? ______________________________

____

____

Warum? ______________________________

____

____

Tipp: Am besten erzählst du Vorgänge der Reihe nach: Schreibe also zuerst, was am Anfang passiert, dann, wie es weitergeht, und am Schluss, wie es aufhört!

118 ÜBUNG

Wegbeschreibung nach vorliegendem Stadtplan

Beschreibe, wie du ...

... von der Polizei zum Supermarkt kommst.
... vom Restaurant zum Blumengeschäft kommst.
... vom Kino zum Altersheim kommst.

119 ÜBUNG

Ein Spiel beschreiben

Sieh dir die Zeichnung an, sie zeigt ein Wettspiel. Lies dann die Spielbeschreibung durch und streiche alle gelben Wörter durch, die nicht auf dieses Spiel zutreffen.

- **Dieses** Geduldspiel/Wettspiel/Geschicklichkeitsspiel **spielt man am besten in** einem Turnsaal oder großen Raum.
- **Es spielen** mindestens zwei Spielerpaare/Spieler/Spielergruppen gegeneinander, einen Schiedsrichter zum Stoppen der Zeit braucht man auch.
- **Als Material** benötigt man mehrere Hütchen/Seile/Bälle, mit denen man eine Kurvenstrecke mit Start und Ziel ausstecken kann, eine Stoppuhr und ein großes Tuch.
- **Zu Spielbeginn** sitzt der erste Spieler auf dem Tuch am Start/Ende der Wettstrecke, sein Partner, der zweite Spieler, hält das Tuch.
- Sobald der Schiedsrichter „Los!" ruft, zieht der zweite Spieler seinen Partner möglichst schnell durch die Hütchen ins Ziel.
- Alle weiteren Pärchen durchlaufen denselben Parcours und werden dabei gestoppt.
- **Gewonnen hat/Ziel des Spiels ist** das Paar, das am schnellsten war.

Tipp: Die fett gedruckten Absatzanfänge kannst du immer verwenden, wenn du Spiele oder Turnübungen beschreiben sollst.

Nimm deinen Text unter die LUPE

120 ÜBUNG

Aussagekräftige Eigenschaftswörter

In dieser Beschreibung fehlen fast alle Eigenschaftswörter.
Schreibe den Text neu und verwende aussagekräftige Eigenschaftswörter.

Meine Schwester
Meine Schwester Stefanie ist 14 Jahre. Stefanie ist 1 Meter 50.
Sie hat ein Gesicht und Augen. Auf ihrer Wange hat sie eine Narbe. Besonders finde ich ihre Haare, die sie meistens offen trägt.
Am liebsten zieht Stefanie Jeans und ein T-Shirt an. Hauben und Turnschuhe mag sie nicht so gern.

Wie der Text mit Eigenschaftswörtern aussieht, kannst du im Lösungsteil nachlesen. Natürlich gibt es viele verschiedene Möglichkeiten, diese Aufgabe zu lösen.

Weitere Schreibideen

121 ÜBUNG

Familienmitglied, Freundin oder Freund

Wähle einen der vier Texte von Übung 113 als Vorlage und ändere ihn so um, dass er auf eines deiner Familienmitglieder zutrifft.
Lies den Text am besten der beschriebenen Person vor – was hält er/sie davon?

122 ÜBUNG

Person und Umfeld: Du hast jetzt so viele Beschreibungen gelesen und mit ihnen gearbeitet – jetzt bist du dran! Wähle ein Bild aus und beschreibe die Person in ihrem Umfeld.

123 ÜBUNG

Beschreibe eine Strickliesel und verwende dazu diesen Aufbau:

1. Funktion
2. Aussehen
3. Besonderheit

Tipp: Wenn du Gegenstände beschreibst, ist es immer gut, ihre Funktion zu nennen!

124 ÜBUNG

Stiefelknecht: Diesen Gegenstand findest du heute nur mehr in wenigen Haushalten, aber früher besaßen fast alle Menschen so ein Ding: einen Stiefelknecht. Versuche eine Beschreibung auf zwei verschiedene Arten:

1. Beschreibe nur, was du siehst, also wie dieser Gegenstand aussieht.
2. Beschreibe jetzt kurz das Aussehen des Gegenstandes und dann seine Funktion (wozu er verwendet wird). Auf den Bildern kannst du sicher erkennen, wozu dieses Ding gut ist!

125 ÜBUNG

Gefühlsuhr: Beschreibe in vollen Sätzen, wie du so eine Gefühlsuhr selbst basteln könntest. Nutze deine Fantasie und die Abbildung als Anregung.

Stell dir vor, an deiner Zimmertür hängt eine Gefühlsuhr und du kannst immer einstellen, wie es dir gerade geht. Sozusagen als Warnung für alle Besucher.

- Material:
- Arbeitsschritte:
- Wie du die Gefühlsuhr nutzen kannst:

126 ÜBUNG

Probiere es aus! Was kannst du selbst basteln oder falten? Verfasse eine Bastelanleitung.

Zeig dann am Wochenende oder am Abend irgendwelchen netten Verwandten oder Freunden deine Anleitung und das benötigte Material. Können sie ohne deine Hilfe (nur mit Hilfe deines Textes) das beschriebene Ding basteln?

127 ÜBUNG

Spiel beschreiben: Beschreibe ein Spiel deiner Wahl und verwende die Absatzanfänge aus Übung 119.

Mögliche Spiele: Mühle, Völkerball, Tempelhüpfen, Uno, Jenga, Vier gewinnt, Schiffe versenken, …

128 ÜBUNG

Unser Weihnachtsfest / Osterfest / Geburtstagsfest

Wie läuft bei dir daheim das typische Weihnachtsfest ab? Beschreibe den Tag bzw. die Feier ausführlich.

129 ÜBUNG

Marsweibchen

Wie würde ein Marsweibchen dein Zimmer beschreiben? Es würde sicher nicht wissen, was die vielen „komischen" Dinge in deinem Zimmer bedeuten und wofür sie gebraucht werden.

Beginne so:

„In diesem komischen Zimmer steht etwas aus Holz, in das sich das Kind am Abend reinlegt. Und dann bewegt sich das Kind nicht mehr – hoffentlich tut ihm dieses Ding nicht weh!
Neben diesem Holzding …"

AUF EINEN BLICK

Beschreiben

Überprüfe deine Beschreibung anhand folgender Liste:

- Es ist ganz klar, worum es in meinem Text geht.
- Meine Sprache ist verständlich und abwechslungsreich.
- Mein Text enthält ausreichend Informationen.
- Diese Informationen sind gut geordnet.
- Ich habe meinen Text aufmerksam durchgelesen (eventuell auch einmal von hinten nach vorne) und dabei auf Fehler in der Grammatik und Rechtschreibung geachtet.
- Bei Zweifelsfällen habe ich im Wörterbuch nachgesehen.

Rate mal!

Rätsel 1:
Welche fünf Fahrzeuge werden in diesem Rätsel genannt? Unterstreiche Sie!

- Der PKW steht nicht in der Mitte.
- Der Roller steht nicht ganz links, aber fast.
- Ganz links und als zweites von rechts stehen Gefährte, die von einem Motor angetrieben werden.
- Das Fahrrad steht nicht neben dem Dreirad.
- In der Mitte steht ein Gefährt mit zwei Rädern.
- Der Roller steht nicht in der Mitte.
- Ganz rechts steht eine Art Fahrrad, das drei Räder hat und mit dem auch kleine Kinder fahren können.
- Der Roller steht neben dem Fahrrad.
- Der Bus steht links vom Dreirad.

Rätsel 2:
In welcher Reihenfolge stehen die Fahrzeuge auf dem Parkplatz? Lies die Hinweise noch einmal genau durch und trage sie unten ein.

links	**fast ganz links**	**Mitte**	**fast ganz rechts**	**rechts**

SCHREIBEN, EINFACH SO

Grün, grün, grün

Wähle deine Lieblingsfarbe und schau im Lexikon, im Atlas, im Telefonbuch und/oder im Internet nach, was alles unter dieser Farbe zu finden ist:

grüne Männchen = Marsmännchen, grüner Tee, grüne Lunge = Grünfläche im Stadtgebiet, grüner Star = Augenkrankheit, grün = Farbe der Hoffnung, grüne Insel = Irland ...

Schritt 1

Male ein Bild vom „Grünen/Blauen/Roten Planeten", in das du möglichst viele dieser „grünen/blauen/roten" Dinge einzeichnest!

Schritt 2

Beschreibe nun deinen „Grünen/Blauen/Roten Planeten". Diese Fragen können dir dabei helfen:

- Wer wohnt auf diesem Planeten?
- Welche Tiere und Pflanzen gibt es?
- Was essen diese Lebewesen?
- Wie leben diese Lebewesen zusammen? (Was arbeiten sie, welche Hobbys haben sie ...)

So könnte ein Text über den „Grünen Planeten" aussehen:

Grünos

Auf dem grünen Planeten Grünos leben lauter grüne Männchen. Sie sind am ganzen Körper grün und tragen nur grüne Kleidung. Wenn sie sich anstrengen oder sich schämen, werden sie dunkelgrün im Gesicht.

Es gibt nur wenige Tiere auf Grünos: Grünspechte und Krokodile. Diese Tiere trinken genau wie die grünen Männchen am liebsten grünen Tee.

Zu essen gibt es sehr viel, weil Grünos ein grünes Paradies ist, auf dem alle Pflanzen, Obst und Gemüse, gut wachsen. Auf Grünos wachsen Gurken und Zucchini, Spinat und Salat, grüne Äpfel und Trauben, Erbsen und Fisolen und vieles mehr.

Leider haben viele der grünen Männchen eine Augenkrankheit: den grünen Star. Außerdem sind alle Lebewesen auf Grünos farbenblind: Sie können Grün und Rot nicht unterscheiden. Deshalb sehen sie alles grün, sogar rote Dinge von anderen Planeten.

Wenn die grünen Männchen auf Urlaub fliegen, fliegen sie zur Erde, nach Irland, weil Irland die „grüne Insel" genannt wird.

Alle grünen Männchen sind glücklich und freuen sich auf ihre Zukunft, weil Grün die Farbe der Hoffnung ist. So haben alle Lebewesen immer die Hoffnung, dass alles bald ganz toll wird.

Nicola Peherstorfer

BERICHTEN

Wir berichten täglich, zum Beispiel ...
... unseren Eltern, was es in der Schule Neues gibt.
... unseren Freunden über letzten Nachmittag, als wir mit Mama gestritten haben.
... unseren Lehrern, warum wir zu spät zur ersten Stunde gekommen sind.

Und weil wir das so oft machen, sind wir in dieser Textsorte eigentlich so richtig gut! Das heißt, für die Schule müssen wir dieses Wissen nur mehr hervorkramen!

Was? **Wo?** **Wer?**

Sternsinger für die Eine Welt

Zum 50. Mal werden rund um den 6. Jänner eine halbe Million Mädchen und Jungen als Heilige Drei Könige verkleidet von Tür zu Tür ziehen. Sie bringen den Segen „*Christus mansionem benedicat* – Christus segne dieses Haus" zu den Menschen und sammeln Spenden für Not leidende Kinder in aller Welt.

Wann? **Warum?** **Welche Folgen?**

Tipp:
1. Sachlich schreiben, nur was wirklich passiert ist!
2. Ereignisse in der richtigen Reihenfolge wiedergeben.
3. Die Zeitform ist die Mitvergangenheit! (Das Präteritum: er kam, sah, ...)

130 ÜBUNG

Typische Adjektive

In diesem Buchstabensalat findest du 21 Adjektive, die oft in Berichten über Unfälle, Verbrechen oder Katastrophen verwendet werden.
Finde sie und schreibe sie auf den freien Platz unter dem Rätsel.
Übrigens: Jeder rot markierte Buchstabe ist der Anfangsbuchstabe eines gesuchten Wortes! Das rote **B** ist Anfangsbuchstabe für gleich zwei Wörter!
Es gelten alle Richtungen, auch von rechts nach links.

E	L	H	Ü	B	E	R	R	A	S	C	H	E	N	D
N	N	E	B	E	L	I	G	B	A	S	Ä	G	F	H
T	M	F	O	L	G	E	N	S	C	H	W	E	R	C
G	U	T	O	B	Z	K	Q	T	E	E	E	R	O	I
E	I	I	R	G	T	W	U	U	K	U	R	I	N	L
G	T	G	E	T	H	Ö	H	R	E	B	Ü	S	T	R
E	T	A	Z	U	P	G	T	Z	L	Z	Z	S	A	H
N	S	E	S	S	I	R	E	G	S	P	H	E	L	Ä
K	M	H	L	G	U	N	B	E	K	A	N	N	T	F
O	E	I	I	S	T	R	A	F	B	A	R	I	E	E
M	R	W	E	T	G	I	D	Ä	H	C	S	E	B	G
M	B	E	T	A	E	F	H	H	Y	Ö	A	G	E	S
E	E	G	ß	S	D	V	E	R	L	E	T	Z	T	N
N	G	L	O	M	F	E	I	D	E	W	I	H	R	E
D	N	E	R	E	E	H	R	E	V	F	U	I	U	B
A	U	C	G	E	B	R	E	T	S	T	O	A	N	E
S	C	H	W	E	R	W	I	E	G	E	N	D	K	L
T	E	P	K	T	E	Ü	B	E	R	M	Ü	D	E	T
Z	R	E	T	L	E	T	T	I	M	R	E	V	N	U

131

ÜBUNG

Diese Wörter werden in Berichten oft kombiniert. Versuche sie trotz der Bildstörungen zu lesen und schreibe sie in die Lücke!

folgenschwere	Entscheidung	
verheerende	Folgen	
übermüdeter	Fahrer	
entgegenkommendes	Auto	
gerissener	Taschendieb	
ungebremster	Aufprall	
lebensgefährliche	Verletzungen	
strafbare	Handlung	
nebeliger	Herbsttag	
unbekannter	Täter	
frontaler	Zusammenstoß	
unvermitteltes	Überholmanöver	

Tipp:
In Berichten soll sich der Schreiber mit seiner persönlichen Meinung zurückhalten und auch Übertreibungen vermeiden.
Solche Wendungen sollst du NICHT in Berichte einbauen:

- ein hinterhältiger Dieb
- ein hirnloser Fahrer
- sein dummes Verhalten
- ein furchtbar fader Herbsttag
- der strohdumme Täter

132 ÜBUNG

Lies den Zeitungsbericht aufmerksam durch und beantworte die sechs W-Fragen:

Bei Rot über die Ampel

Graz – Am Montag, dem 3. November 2008, gegen 17 Uhr verursachte der 50-jährige Hubert L. einen Unfall in Graz. Der Mann aus Kapfenberg fuhr bei Rot über die Ampel an der Kreuzung Elisabethstraße/Merangasse. Der Opelfahrer erklärte, er sei von der Sonne geblendet worden und habe deshalb das Rot der Ampel übersehen.
L. rammte den Audi des querenden 32-jährigen Stefan S., der keine Chance hatte, den Aufprall zu verhindern. Beide Autolenker wurden leicht verletzt in das LKH eingeliefert.

Was ist passiert?

____

Wo ist es passiert?

____

Wer war in den Unfall verwickelt?

____

Wann passierte der Unfall?

____

Warum passierte der Unfall?

____

Welche Folgen hatte der Unfall für die Beteiligten?

____

133 ÜBUNG

Sortiere!

Hier sind die Satzglieder von drei Sätzen vertauscht. Markiere die Satzteile, die zusammengehören, mit drei Farben und schreibe die vollständigen Sätze in dein Schreibbuch.

Theo Sayr

Der 12-jährige Kevin J.

der Formel-1-Fahrer Franco Sausi

verschluckte

die Abfahrt von Kitzbühel

Am 18. Jänner 2025

den 3. Mai

Am Sonntag

eine Fischgräte

mit Atemnot

tödlich.

zum 3. Mal

und

ins Krankenhaus

gebracht werden.

Prix von Phantasia

am Silvesterabend

musste

gewann

in Folge.

verunglückte beim Grand

Bilde anschließend möglichst viele richtige Sätze mit den gegebenen Satzgliedern und schreibe auch sie in dein Schreibbuch.

134 **ÜBUNG**

Schneeball-Attacke

Entnimm dieser SMS einer Schülerin an ihre Freundin zu Hause die Informationen, die im Bericht unten fehlen, und fülle die Lücken!

Beim Schikurs wurde eine Gruppe Schülerinnen von ihnen unbekannten Schülern mit Schneebällen beworfen. Einer der Schneebälle war aber dermaßen hart, dass die Schülerin Tanja L. eine Platzwunde am Kopf davontrug.

```
Mahe so a snowboarda hod da Tanja in
Hinterstoder an Eisbrocken ins gsicht
gschossn und jetzt hods a platzwundn.
Sie hat ins krankenhaus miassn und is
gnäht wordn. Oba es geht ihr wieder soweit.
Schifoahrn kauns vagessn, am mi. fahrts ham.
*schluchts* =-(
```

Gefährliche Schneeball-Attacke

In Hiterstoder **wurde eine Mädchenschigruppe von Burschen mit Schneebällen derart heftig beworfen, dass eines der Mädchen mit einer Platzwunde in das Krankenhaus Kirchdorf gebracht werden musste.**

Hinterstoder. Am Dienstag, dem 12. Februar, attackierte eine Schigruppe des X-Gymnasiums die Mädchen des Y-Gymnasiums mit Schneebällen. Die Mädchengruppe hatte sich mit ihrem Lehrer am Pistenrand gesammelt, als die Schüler der anderen Schule aus heiterem Himmel die Schneeballschlacht eröffneten. Ein sehr vereister Schneeball traf die 11-jährige Tanja L. dermaßen unglücklich auf der Stirn, dass sie eine Platzwunde davontrug. Sie wurde ins LKH Kirchdorf eingeliefert, wo sie genäht werden musste. Für das Mädchen war somit der Schulschikurs vorbei, sie wurde am Mittwoch nach Hause entlassen.

Stell dir vor, deine Freundin oder dein Freund hat sich die Hand gebrochen, als ihr gemeinsam unterwegs wart. Berichte der schockierten Mutter, wie das Unglück passiert ist. (Möglichst sachlich, um die Mutter nicht noch weiter zu erschrecken.)

135 ÜBUNG

Arm gebrochen

Setze zuerst die fehlenden Informationen ein und schreibe dann in vollen Sätzen auf, was du der Mutter am Telefon berichten würdest.

Was? Arm gebrochen

Wo? beim Reiten im Gelände / beim Radfahren im Wald / ...

Wer? ______________________

Wann? ______________________

Warum? ______________________

Welche Folgen? ______________________

136 ÜBUNG

Fahrrad verschwunden

Diese Stichwörter beinhalten die wesentliche Information zu einem Fahrraddiebstahl. Die fehlenden Fakten kannst du frei erfinden. Formuliere den Text aus.

- 21-Gang-Rad, blau, Marke: Toyota
- vor Turnhalle
- während Fußballtraining
- neues Rad, aber abgesperrt
- Schloss kaputt auf Boden, Rad weg

137 ÜBUNG

Welches Thema?

Diese Wörter stammen aus drei verschiedenen Berichten/Reportagen/Interviews zu unterschiedlichen Themen. Kannst du sie zuordnen?
(Übrigens: Manche Wörter passen auch in mehrere Spalten.)

überhöhte Geschwindigkeit

B 12

Tatwaffe

Täter

maskiert

Beute

Lösegeld

Erpresser

glimpflich

Führerscheinneuling

Unbekannter

Entführung	Unfall	Banküberfall

Tipp:
Versuche bei Berichten die Ereignisse **chronologisch** (also in der Reihenfolge, in der sie tatsächlich passiert sind) wiederzugeben.

138 ÜBUNG

Verben gesucht

Die Satzteile, die nebeneinanderstehen, bedeuten immer etwas ganz anderes – aber nur, wenn du die fehlenden Wörter richtig einsetzt.
Die gesuchten Wörter findest du spiegelverkehrt und in Blockbuchstaben im grauen Kasten:

> VERURSACHEN, ABLEGEN, BEOBACHTEN, ALARMIEREN, BEZWINGEN,
> UNVERLETZT, VERWEIGERN, DURCHFALLEN, VERPASSEN, VERGESSEN, SCHICKEN

1. einen Unfall ________	in einen Unfall verwickelt werden
2. ein Geständnis ________	schweigen
3. ein Verbrechen ________	ein Verbrechen begehen
4. die Rettung ________	die Rettung wegschicken
5. einen Berg ________	vor dem Gipfel umkehren
6. bei einem Unfall verletzt werden	________ bleiben
7. eine Zeugenaussage machen	eine Zeugenaussage ________
8. die Prüfung schaffen	bei der Prüfung ________
9. den Bus gerade noch erwischen	den Bus ________
10. an ihren Geburtstag denken	ihren Geburtstag ________
11. ihn anrufen	ihm eine SMS ________

139 ÜBUNG

Konzentrationsübung

Wenn du die Übung oben gemacht und kontrolliert hast, dann geht es mit dieser Übung weiter.
Präge dir fünf Minuten alle Phrasen ein. Lege dann einen leeren Zettel über die rechte Spalte, sodass du nur mehr die linke Phrase sehen kannst.
Schreib jetzt die zugedeckten Satzteile aus dem Gedächtnis auf.

140 ÜBUNG

Lies folgendes Interview genau durch!

Das ist ein Interview mit Christina Stürmer vom Oktober 2007:

ÖSTERREICH: *Am 19. 10. erscheint deine DVD „Lebe lauter – Live". Darauf ist eine Dokumentation, die du mitproduziert hat. Wie hast du das umgesetzt?*

Christina Stürmer: Höchstpersönlich und in Eigenregie. Ich habe die Dokumentation mit Stefan gemacht, das ist ein guter Freund und gleichzeitig Lichttechniker von uns. Er hat die gesamte Tour mitgefilmt und auch Backstage – im Bus zum Beispiel – die Kamera so aufgestellt, dass wir es nicht mitgekriegt haben! Aus dem Material hat er dann die Doku gebastelt. Das Coole ist, dass ich zu ihm ganz normal war, weil ich ihn kenne. Bei einem Unbekannten benimmst du dich anders, weil er eben ein fremder Mensch ist.

Sieht man dich auch beim Aufwachen oder Zähneputzen?

Man sieht mich einfach so, wie ich wirklich bin. Beim Aufwachen im Tourbus – das ist normalerweise unser privater Bereich, wie ein Wohnzimmer. Da sieht man, wie oft wir vor- und zurücklaufen, weil man aufs Klo geht, die Zahnbürste vergessen hat oder einen Pullover holt.

Hast du am Ende zu intime Szenen rausgeschnitten?

Nein, nur wenn zu viel geblödelt wurde, hat man es gekürzt oder was anderes genommen. Wir haben auch viele Schmähs auf Tour, die andere nicht so verstehen. Irgendwann denkt man sich: Interessiert das die da draußen? Die Fans wollen ja etwas Persönliches sehen – und so persönlich wie möglich haben wir es eben gemacht.

Du hast das Image eines süßen, netten Mädchens. Sieht man dich auch in ernsten Momenten?

Es ist schon auch etwas drauf, wo mal etwas nicht so hingehaut hat. Bei den Live-Konzerten in Deutschland ist der Vorhang ab und zu nicht gefallen, und da war ich auf eine gewisse Art und Weise fertig oder unzufrieden. Ich meine, ich bin auch nur ein Mensch! Beim Konzert in Stubenberg wurde Backstage mitgefilmt, obwohl es dunkel war. Da hört man, was wir kurz vor dem Auftritt reden. Und ich wusste das nicht und habe mich über irgendetwas total aufgeregt – so was bekommt ja sonst nie jemand mit!

Was auch noch niemand gesehen hat: Wie du und Oliver als Paar seid.

Ja, wir sind ein Paar – aber wir picken nicht ständig zusammen und kleben aufeinander oder knutschen uns gegenseitig ab. Das wird man merken. Was genau von uns auf der DVD ist oder nicht – darauf habe ich ehrlich nicht geachtet.

Warum war es dir ein Bedürfnis, selber eine Tour-Doku zu machen?

Ich will allen zeigen, dass ich hinter den Kulissen ein normaler Mensch bin und kein abgehobener Popstar. Es passieren Hoppalas auf der Bühne und ich kann auch wütend werden! Die Doku ist sehr persönlich, ehrlich – einfach echt.

Ein weiterer Schritt zur selbstbestimmten Künstlerin?

Ich traue mich sicher mehr und sage auch „nein". Früher habe ich mich auf andere verlassen – aber jetzt treffe ich meine Entscheidungen selbst.

141 ÜBUNG

Wenn Christina Stürmer kurz über die Dokumentation „Lebe lauter" berichten würde, könnte das vielleicht so klingen. Vervollständige die Sätze des erfundenen Berichts:

„Unsere DVD ‚Lebe lauter – Live' erschien am ____________________.

Auf der DVD findet man auch eine Dokumentation über mich und die ____________________. Stefan, ein guter Freund und außerdem unser Lichttechniker, filmte die gesamte ____________________.

Er filmte auch Backstage und im ____________________.

In dieser Dokumentation sieht man mich und die Band auch im Tourbus, der normalerweise ____________________.

Herausgeschnitten wurde nicht sehr viel, nur wenn ____________________ ____________________. Man sieht auch Szenen, bei denen nicht alles so optimal ____________________. Zum Beispiel bei einigen Live-Konzerten in Deutschland fiel ____________________, und da war ich echt unzufrieden. Dass Oliver und ich ein Paar sind, sieht man natürlich auch ____________________.

Wir kleben aber nicht ständig aufeinander.

Mit der Dokumentation will ich allen zeigen, dass ich auch ein normaler ____________________."

> **!** Bei Berichten erklären Menschen, warum etwas wie war. Wichtig sind sehr oft die Folgen des Ereignisses. Meistens wirkt ein Bericht ein wenig distanziert, also aus der Ferne betrachtet. Der Verfasser zeigt damit, dass er nicht selbst am Geschehen beteiligt war. Anders ist das natürlich bei einer lebendigen, gefühlsbetonten Erzählung!
> Über das Erzählen erfährst du mehr im Kapitel **Geschichten aus unserem Leben** ab Seite 60.

142 ÜBUNG

Und dann, und dann ...

So lief bei Maxi die Radfahrprüfung ab. Allerdings haben wir einige Satzanfänge hineingeschwindelt, die gleich klingen. Ersetze alle „Und dann" durch die Satzanfänge, die du in der Box findest!
Wenn du den Text verbessert hast, dann hast du einen wirklich gelungenen Bericht von Maxis Radfahrprüfung! Im Lösungsheft findest du, wie Maxis Text wirklich aussieht.

Als die Schule aus war, Nach ein paar Minuten Wartezeit Danach	Dann Nachdem alle gefahren waren, Zuerst

Meine Radfahrprüfung
Am 5. Juni fand meine Radfahrprüfung in der Volksschule Oftering statt. Die Prüfer, ein paar Polizisten aus Hörsching, begrüßten uns.
Und dann machten wir einen schriftlichen Test. Eine der Fragen war, welche Verkehrszeichen es gibt. Bei einer anderen Frage war ein Fahrrad abgebildet und man musste hinschreiben, wie die Teile heißen. Alle 26 Kinder gaben den Test ab.
Und dann gingen wir raus, denn dann begann der praktische Teil der Prüfung. Wir holten unsere Fahrräder und schoben sie zum Anfang der Fahrstrecke. Ein Polizist fuhr vor und wir Kinder hinten nach, damit wir wussten, wo wir fahren müssen. Und dann mussten wir einzeln fahren. Polizisten standen an jeder Ecke und beobachteten, ob wir alles richtig machten, zum Beispiel ob wir Handzeichen gaben und auf der rechten Straßenseite fuhren.
Alle Kinder kamen nach dem Alphabet dran. Und dann gingen wir zurück in die Schule. Und dann erfuhren wir schon die Ergebnisse: Alle Kinder hatten die Radfahrprüfung bestanden. Wir bekamen den Radführerschein und auch ein Radschloss. Und dann durften alle Kinder mit dem Rad nach Hause fahren.
(Maxi, 11 Jahre)

Tipp:
Wichtig ist, dass die Satzanfänge die Sätze gut verbinden und dass gleiche „Einleitungen" nicht öfter hintereinander vorkommen!

143 ÜBUNG

Bitte streichen!

Hier siehst du zwei kurze Berichte. Der erste ist sehr gefühlsbetont, ein Kind erzählt der Mama, warum seine Knie blutig sind. Der zweite Bericht ist sachlich und könnte ein Unfallbericht aus einer Tageszeitung sein.
In beiden Berichten sind zwei Sätze, die nicht dazupassen (zu gefühlsbetont oder zu sachlich): Finde sie und streiche sie durch!

Text 1
Ich wollte schnell mit dem Scooter zu Tanja fahren und ich hab's schon voll eilig gehabt, weil wir ja noch ins Einkaufszentrum wollten. Und ich bieg da grad um die Ecke, da kommt mir der Matthias vom ersten Stock entgegen. Der Nachbarsjunge fuhr sein neues 21-Gang-Rad und trug wie immer einen Sturzhelm. Er war so schnell unterwegs und, und außerdem hat er die Kurve geschnitten!
Auf alle Fälle will ich noch ausweichen und rutsch auf irgendwelchen blöden Blättern aus. Super, die neue Hose hin, das Knie blutig und der Matthias lacht nur fies. Und das Einkaufszentrum kann ich mir auch abschminken! Matthias hingegen blieb unverletzt und setzte seine Heimfahrt fort.

Text 2
Die 11-jährige Helene E. fuhr mit ihrem Scooter auf dem Gehsteig zu ihrer Freundin Tanja. Es war ein sonniger Tag und das Mädchen war echt gut gelaunt. An der Kreuzung Karlhofstraße/Leonfeldnerstraße stieß sie mit dem 12-jährigen Fahrradfahrer Matthias S. zusammen. Der Junge war auf dem Gehsteig unterwegs und hatte laut Zeugen die Kurve geschnitten. Beim Versuch, dem Jungen auszuweichen, geriet Helene ins Schleudern und krachte gegen einen Laternenmast. Ihr rechtes Knie blutete echt viel und ihre Lieblingshose war zerfetzt. Matthias S. hingegen blieb unverletzt und setzte seine Fahrt fort.

Tipp:
Was du beim Berichten vermeiden sollst:
- Zeitenwechsel: Wenn es spannend wird, wechseln wir beim mündlichen Erzählen oft ins Präsens (Und ich bieg da grad ...)
- Wortwiederholungen (und, und)
- Satzbeginn mit „Und ..."
- unvollständige Sätze (Super, die neue Hose hin.)
- umgangssprachliche Wendungen (voll eilig, echt viel ...)

144 ÜBUNG

Glaubst du's?

Diese Schüler berichten dem Lehrer der zweiten Stunde, warum sie zu spät zum Unterricht kommen. Würdest du diesen Schülern glauben? Warum, warum nicht?

Schüler 1

Unser Busfahrer fuhr heute gegen 7 Uhr zu schnell in die Kurve zwischen Lech und Langen und dann stürzte der Bus über die Leitplanke in die Tiefe. Der Bus überschlug sich mehrmals und zerschellte. Alle Insassen und auch der Busfahrer wurden schwer verletzt. Die Rettungsarbeiten sind noch immer im Gange.

❑ Glaube ich. ❑ Glaube ich nicht, weil ______________________________.

Schülerin 2

Wie immer fuhr ich mit der Straßenbahn Linie 3 Richtung Schule, als sie plötzlich bremste und stehen blieb. Der Fahrer verkündete per Lautsprecher, dass ein Auto das Gleis vor uns blockieren würde und die Straßenbahn für unbestimmte Zeit warten müsse.

Nach etwa zehn Minuten hörten wir die nächste Durchsage: Ein Abschleppwagen wäre unterwegs und es könnte nicht mehr allzu lange dauern. Außerdem öffnete der Fahrer die Türen und meinte, dass natürlich alle aussteigen könnten, die wollten. Da es zu Fuß zu weit bis zur Schule gewesen wäre, stieg ich nicht aus, sondern wartete in der Straßenbahn.

Nach weiteren 30 Minuten war der Abschleppwagen da, das Gleis frei und die Straßenbahn fuhr weiter. Deshalb kam ich heute über eineinhalb Stunden zu spät. Tut mir leid, aber ich kann nichts dafür!

❑ Glaube ich. ❑ Glaube ich nicht, weil ______________________________.

Schüler 3

Ich fahre ja immer mit meinem Papa mit dem Auto in die Schule. Aber heute war es so kalt, dass unser Auto nicht ansprang. Papa rief den Pannendienst an und der gab uns Starthilfe. Anschließend fuhren wir in die Werkstatt, wo wir eine neue Batterie bekamen.

Insgesamt dauerte das fast eine Stunde!

❑ Glaube ich. ❑ Glaube ich nicht, weil ______________________________.

Schülerin 4

Ich stand mit vielen anderen an der Haltestelle, wie immer um 7:07 Uhr an der Hauptstraße, und der blöde Bus blieb einfach nicht stehen. Der Busfahrer winkte und lachte und hupte.

Ich glaube, das war wieder dieser betrunkene Busfahrer, der letzte Woche während des Fahrens Comics las und Bier trank.

❑ Glaube ich. ❑ Glaube ich nicht, weil ______________________________.

145 ÜBUNG

Schreibe eine der „Ausreden" so um, dass sie glaubhaft wirkt!

146 ÜBUNG

Zeitungsberichte anschauen

Nimm dir eine Tageszeitung zur Hand und wähle einen beliebigen Bericht. Kannst du alle W-Fragen beantworten? Unterstreiche die Antworten direkt im Artikel. Zur Erinnerung: Wer? Was? Wann? Wo? Wie? Warum? Welche Folgen?

147 ÜBUNG

Zu spät zur Schule: Lies dir noch einmal die vier Berichte von Übung 144 durch, mit denen sich Kinder rechtfertigen, weil sie zu spät zum Unterricht kamen. Schreib selbst eine kurze Erklärung, warum du zu spät in den Unterricht gekommen bist.

Du kannst eine dieser Anregungen verwenden:

- Zug stehen geblieben, Lokomotive defekt. Ersatzlokomotive erst nach 30 Minuten gekommen
- viel schwerer Schnee ► Bäume auf Bahnstrecke gestürzt, Schienenersatzverkehr
- Bus: Reifenplatzer, Ersatzbus nach 30 Minuten
- Anschlussbus nicht gekommen, zu Fuß zur Schule

148 ÜBUNG

Für die Klassenzeitung: Wie war's bei dir? Hast du auch eine Radfahrprüfung in der 4. Klasse Volksschule gemacht? Schreib doch einen Bericht für eure Klassenzeitung darüber.

149 ÜBUNG

Schiunfall

Schiunfälle passieren im Winter fast täglich. Stell dir vor, du hast einen Zusammenstoß von zwei Fahrern beobachtet und sollst nun den Rettungskräften berichten.

1. Mach dir Notizen zu den W-Fragen.
2. Formuliere einen kurzen, informativen Bericht über den Unfallhergang.

150 ÜBUNG

Geld weg

Stell dir vor, in der überfüllten Straßenbahn hat jemand deinen Rucksack geöffnet und deine Geldtasche geklaut. Erfinde alle notwendigen „Fakten" und schreibe einen kurzen Bericht für die Polizei.

AUF EINEN BLICK

Berichten

- Ich habe alle W-Fragen in meinem Text beantwortet:
  - **Wer?**
  - **Was?**
  - **Wann?**
  - **Wo?**
  - **Wie?**
  - **Warum?**
  - **Welche Folgen?**
- Meine Sprache ist sachlich (ohne persönliche Meinung).
- Ich verwende das Präteritum (Ich kam, ging, er fuhr ...).
- Mein Text ist knapp, aber genau (nicht allzu ausführlich!).

Wortspiele

Versuche aus den gegebenen Wörtern möglichst viele neue Wörter zu bilden. Du darfst aber jeweils höchstens zwei Buchstaben ändern.
Wenn es zu schwer wird: Du darfst auch einen Buchstaben weglassen oder dazuschreiben.

Hand	Baum	still	kratzen	Zahl
Hund				
wund				
Wand				
Sand				
Samt				

Schaffst du acht Wörter in einer Reihe?

Dieses Wortspiel kannst du auch mit anderen spielen. Dazu brauchst du das Alphabet und ein Blatt Papier. Wähle eine Begriffsfamilie (Tiere, Pflanzen, ...) aus und suche zu jedem Buchstaben des Alphabets (außer C, X, Y, Z) ein Wort.
Beispiel: Begriffsfamilie Vornamen: Anna, Berthold, Carmen, Dragana, ...

Tiere

Pflanzen

Lebensmittel

Länder

Sänger/Sängerinnen

Platz für eigene Ideen

TEXTE LESEN, VERSTEHEN UND ZUSAMMENFASSEN

EINEN SACHTEXT VERSTEHEN

151 ÜBUNG

Welcher Weg führt zum Dinosaurier?

152 ÜBUNG

Lies folgenden Text:

Die Welt der Urzeittiere

Die Dinosaurier beherrschten 150 Millionen Jahre lang die Erde. Immer wieder starben einzelne Arten aus, andere traten an ihre Stelle. Doch am Ende der Kreidezeit ließ eine gewaltige Naturkatastrophe alle Saurier schlagartig verschwinden.

Tyrannosaurus Rex und Triceratops zählten zu den letzten lebenden Dinosauriern unseres Planeten. Vor 65 Millionen Jahren fielen sie, ebenso wie die Fisch- und Flugsaurier, einer rätselhaften Katastrophe zum Opfer. Es ist noch nicht lange erforscht, was sich damals tatsächlich ereignet hatte.

Ein gewaltiger Meteorit, der auf die Erde gestürzt war, dürfte der Grund für das Aussterben der Dinosaurier gewesen sein. Nach dem Einschlag des Himmelskörpers legte sich eine dichte Staubschicht über die Erde. Es wurde kälter, und die Pflanzen starben ab. Damit verloren die Pflanzenfresser unter den Sauriern ihre Nahrung und gingen zugrunde. In der Folge verhungerten auch die Raubsaurier.

Andere Tierarten kamen mit den dramatisch veränderten Umweltbedingungen besser zurecht als die Saurier. Ein neues Zeitalter begann, das der Säugetiere.

Der Auerochse, auch Wildrind oder ganz kurz nur Ur genannt, ist der Vorfahre der meisten europäischen Rinderrassen. Auerochsen stammen aus Indien und dürften vor 250 000 Jahren in Mitteleuropa eingewandert sein. Sie sind erst „vor Kurzem", im Jahre 1627, ausgestorben.
Im Zeichentrickfilm Ice Age begegnen dir neben Sid, dem Faultier, viele andere Tiere aus der Vorzeit. Eines von ihnen verwandelt sich im Laufe des Films von einer blutrünstigen Bestie, die ein wehrloses Menschenbaby fressen will, zum ehrlichen Freund. Gemeint ist Diego, der Säbelzahntiger.
Genau genommen ist Diego aus Ice Age eine Säbelzahnkatze, denn die Großkatzen der Urzeit sind mit unseren heutigen Tigern keineswegs verwandt. Trotzdem verwenden wir den verbreiteten Namen Säbelzahntiger für die beeindruckenden Raubtiere, die bereits vor über 20 Millionen Jahren, also lange vor uns Menschen, auf der Erde lebten.

Aus: JÖ Hefte

153 ÜBUNG

Markiere mit einem bunten Stift im Text oben alle Sätze, in denen es um Dinosaurier geht. Lies die Sätze, die du angestrichen hast, noch einmal durch. Versuche dann, folgende Fragen zu beantworten, ohne auf den Text zu schauen.

1. Wie lange gab es Dinosaurier auf der Erde?

vor 150 Millionen Jahren

2. Wann ließ eine Naturkatastrophe alle Dinosaurier aussterben?

vor 65 Millionen Jahren

3. Welche Naturkatastrophe war das?

ein riesiger Meteorit fiel auf die Erde herrab.

4. Woran gingen die Dinosaurier schließlich zugrunde?

weil sie verhungern.

„Mama", fragt ein Dinosaurierbaby, „kommen Dinos auch in den Himmel?"
„Nein, ins Museum", antwortet die Mutter.

TEXTTEILE SEHEN

154 ÜBUNG

Trenne im folgenden Text die einzelnen Wörter mit einem Strich voneinander ab. Lies den Text anschließend laut vor.

DER|NAMEDINOSAURIERKOMMTAUSDEMGRIECHISCHENUNDBEDEUTETAUFDEUT
SCHSCHRECKLICHEECHSEABERVIELEDINOSAURIERWARENGARNICHTSOSCHREC
KLICHSEHRVIELEVONIHNENWARENFRIEDLICHEPFLANZENFRESSER.

155 ÜBUNG

Lies folgenden Text:

Dinosaurier

Dinosaurier ist die gemeinsame Bezeichnung für eine große Gruppe ausgestorbener Reptilien. Manche dieser Reptilien liefen auf zwei Beinen, andere auf vier. Die Größenunterschiede waren beträchtlich. Sie reichten von taubengroßen Kleinformen bis zu Riesenformen, die bis 40 Meter Länge erreichten und damit die größten Landtiere überhaupt waren. Manche waren durch einen Panzer geschützt, wie Schildkröten.	
Dinosaurier lebten von Pflanzen oder waren Fleischfresser. Eine besondere Gefahr für die pflanzenfressenden Tiere stellten die Raubsaurier dar.	
Als Landbewohner legten die Dinosaurier ihre Eier in Gruben und brüteten sie aus. Die kleinen Dinosaurier schlüpften aus und liefen dann wie Küken hinter ihrer Mutter her. Durch das Zusammenleben in größeren Gruppen oder Herden konnten vor allem die Pflanzenfresser ihre Jungen vor den Raubsauriern beschützen.	

156 ÜBUNG

Schau dir die Bilder an, die du neben dem Text siehst. Jedes Bild hat eine Bedeutung. Zu jedem Absatz passt genau ein Bild.

1. Streiche nun die zwei Bilder durch, die nicht zu dem Absatz passen, neben dem sie stehen.

❑ erledigt

2. Rahme das Bild, das zu dem Absatz passt, mit deiner Lieblingsfarbe ein.

❑ erledigt

3. Lies den Text noch einmal genau durch.
Formuliere nun Fragen, die zu den Bildern passen, die du eingerahmt hast. Schreibe diese Fragen als Überschriften in die leeren Zeilen.

❑ erledigt

4. Markiere die Wörter im Text, die du für die Beantwortung der Fragen brauchen kannst.

❑ erledigt

157 ÜBUNG

Welcher Dino frisst welche Pflanzen? Suche die passenden Nahrungsmittel ohne die Hilfe von Stiften und Fingern.

SCHLÜSSELBEGRIFFE ERKENNEN

158 ÜBUNG

Welche Buchstaben des Alphabets fehlen in dem Kästchen? Mit den Buchstaben, die fehlen, kannst du die Bezeichnungen für zwei beliebte Haustiere bilden.

C V X O W Q Y I L M J R S P F G B

159 ÜBUNG

Lies folgenden Text:

Tierbabys

Der Kuckuck

Der Kuckuck ist ein Zugvogel, der aus den südlichen Ländern zu uns kommt, wenn es hier wieder wärmer wird.
Hat sich ein Kuckuckspaar zusammengefunden, legt der Kuckuck seine Eier in fremde Nester von Singvögeln. Die ahnungslosen Vögel brüten zirka 12 Tage lang ein fremdes Ei, nämlich ein Kuckucksei, aus. Ist der junge Kuckuck dann geschlüpft, werden die armen „Eltern" kaum mit dem Füttern fertig. Der Fremdling ist natürlich viel größer und hat großen Hunger.
Der Kuckuck ernährt sich von Insekten und mag vor allem haarige Raupen.
Interessant ist ganz besonders sein Flugverhalten im Herbst. Ohne jemals seine Eltern kennen gelernt zu haben, weiß er, wann und wohin er fliegen muss. Dabei zeigt er eine große Ausdauer beim Fliegen. Ohne eine Pause überquert er das Mittelmeer und fliegt bis zu 3000 Kilometer.

Der Text enthält einige interessante Informationen über Kuckucksjunge. Du kannst sie, so wie im folgenden Beispiel, in Form von Wörtern und Wortgruppen notieren.

legt Eier in fremde Nester, zwölf Tage Brutzeit

Insekten, Raupen, hat großen Hunger

Zugvogel, weiß, wann und wohin er fliegen muss,
fliegt bis zu 3000 Kilometer

160 **ÜBUNG**

Das kannst du auch!

Lies die beiden folgenden Texte.
Suche die Wörter und Wortgruppen, die Informationen zu den angeführten Themen geben, und schreibe sie auf.
Achtung: Nicht alles passt – manches bleibt übrig!

Die Fledermaus

Auch wenn Fledermäuse fliegen können, haben sie mit dem Menschen mehr gemeinsam als mit den Vögeln: Sie sind Säugetiere! Sie bringen lebende Junge zur Welt, die Mütter säugen ihre Jungen. Der Körper der Fledermäuse ist dicht behaart und auch sonst haben sie alles, was ein „echtes Säugetier“ ausmacht. Fledermäuse werden nackt und blind geboren. Eine drei Tage alte Zwergfledermaus ist nur einen Zentimeter groß! Das Junge ist zunächst völlig auf die Wärme und die Milch der Mutter angewiesen. Bis die junge Fledermaus mit etwa sechs Wochen selbst fliegen und Insekten jagen kann, ist sie völlig von der Muttermilch abhängig.
Da die meisten Fledermäuse nur schlecht entwickelte Augen haben, nehmen sie Gegenstände oder auch ihre Beute, nämlich Insekten oder kleine Mäuse, durch Ultraschall wahr. Sie stoßen durch die Nase für uns Menschen unhörbare Töne aus, die durch die „Hindernisse“ wieder zurückgeworfen werden. Diese Töne hören die Fledermäuse und wissen, welche Beute sie vor sich haben und wo sie genau ist.

Der Goldhamster

Unter den Säugetieren hat der Goldhamster mit 16 Tagen die kürzeste Tragezeit. Das Weibchen kann sieben Mal im Jahr Junge gebären. Die Jungen kommen nackt und blind zur Welt. Bei Gefahr steckt sie die Hamstermutter in ihre Backentaschen und läuft mit den Jungen davon. Da das Goldhamsterweibchen nur acht Milchzitzen hat und jedes Junge sich an einer eigenen Zitze festsaugt, muss jedes weitere Junge sterben. Deshalb frisst auch manchmal die Hamstermutter das Junge auf, um ihm ein qualvolles Verhungern zu ersparen.
Der Hamster ist ein Nagetier mit vier scharfen Nagezähnen.
Er ist Allesfresser. In seinen Hamsterbacken sammelt er Körner, die er in seinen Bau bringt.
Der Hamster ist in der Dämmerung unterwegs. Tagsüber schläft er und wird erst am Abend munter. Man nennt sie deshalb nachtaktiv.

161 ÜBUNG

Erzähle jetzt jemandem aus deiner Familie mit Hilfe der Stichwörter das Wichtigste über Fledermaus und Goldhamster.

FRAGEN FINDEN

162 ÜBUNG

Suche die Ausschnitte.

163 ÜBUNG

Lies folgenden Text:

Warum starben die Dinosaurier aus?

Vor ungefähr 65 Millionen Jahren starben die Dinosaurier aus. Die Ursachen dafür sind ungewiss. Obwohl es einige Vermutungen gibt, weiß niemand genau, warum es zum Aussterben der Dinosaurier, der Flug- und der Fischsaurier kam.

Vielleicht ist ein riesiger Meteorit auf die Erde gefallen. Manche Forscher glauben, dass der Aufprall eines Meteoriten auf der Erde dazu geführt hat, dass die Dinosaurier ausstarben. Meteoriten sind riesige Brocken aus Stein und Metall, die aus dem Weltall auf die Erde fallen können. Wenn sie aufprallen, wird so viel Staub aufgewirbelt, dass die Sonne jahrelang verdunkelt ist. Es können deshalb keine Pflanzen mehr wachsen und Tiere finden keine Nahrung.

Möglicherweise war am Aussterben der Dinosaurier auch eine Klimaveränderung schuld. Damals wurde es immer kälter, weshalb immer weniger Pflanzenarten überleben konnten. Pflanzenfresser fanden zu wenig Nahrung und starben deshalb aus. Damit konnten aber auch die Fleischfresser, die diese Tiere jagten, keine Nahrung mehr finden.

Es könnte auch sein, dass kleine hungrige Säugetiere in der Nacht während ihrer Beutezüge die Eier der Dinosaurier fanden und fraßen. Auch das kann dazu geführt haben, dass die Dinosaurier ausstarben.

Einige Wissenschafter vermuten, dass nahe der Erde ein Stern explodierte. Die starken Strahlungen, die von dieser Explosion ausgingen, dürften bewirkt haben, dass viele Lebewesen ausstarben.

164 ÜBUNG

Markiere im Text die Informationen, die dir wichtig erscheinen, mit einem bunten Stift. Formuliere die passenden Fragen zu folgenden Erklärungen:

____ ?

Ja. Er könnte für das Aussterben der Dinosaurier verantwortlich sein. Wenn er vor 65 Millionen Jahren auf die Erde gefallen ist, könnte so viel Staub entstanden sein, dass jahrelang die Sonne nicht mehr schien.

____ ?

Ja. Sie könnte bewirkt haben, dass sich die Erde abgekühlt hat und immer weniger Pflanzen wachsen konnten. Deshalb war zu wenig Nahrung für Tier- und Pflanzenfresser vorhanden.

____ ?

Ja. Manche kleine Säugetiere könnten nachts die Gelege der Saurier geplündert haben. Das hatte zur Folge, dass die Dinosaurier immer weniger wurden.

____ ?

Ja. Wenn ein solcher in der Nähe der Erde explodierte, könnte dies eine so starke Strahlung bewirkt haben, dass viele Tiere und Pflanzen nicht mehr leben konnten.

165 ÜBUNG

Wie viele mögliche Erklärungen bietet der Text für das Aussterben der Dinosaurier an? Schreibe Zwischenüberschriften zwischen die Absätze in den Text von Übung 163. Du kannst auch die Fragen verwenden, die du in der Übung 164 formuliert hast.

EINEN ERZÄHLTEXT VERSTEHEN

166 ÜBUNG

Das Morse-Alphabet

Lies die folgende Botschaft. Das Morse-Alphabet hilft dir bei der Entschlüsselung.

-.-/.-/-./-.//.--/./--.//-./../-.-./..../-//..-./../-./-.././-.//

A	.-	S	...
B	-...	T	-
C	-.-.	U	..-
D	-..	V	...-
E	.	W	.--
F	..-.	X	-..-
G	--.	Y	-.--
H	....	Z	--..
I	..	1	.----
J	.---	2	..---
K	-.-	3	...--
L	.-..	4	....-
M	--	5	.....
N	-.	6	-----
O	---	7	--...
P	.--.	8	---..
Q	--.-	9	----.
R	.-.	0	-----

www.oebv4kids.at

167 ÜBUNG

Lies folgenden Text:

Hannes fehlt

Ursula Wölfel

Sie hatten einen Schulausflug gemacht. Jetzt war es Abend, und sie wollten mit dem Autobus zur Stadt zurückfahren. Aber einer fehlte noch. Hannes fehlte. Der Lehrer merkte es, als er die Kinder zählte.

„Weiß einer etwas von Hannes?", fragte der Lehrer. Aber keiner wusste etwas. Sie sagten: „Der kommt noch." Sie stiegen in den Bus und setzten sich auf ihre Plätze.

„Wo habt ihr ihn zuletzt gesehen?", fragte der Lehrer.

„Wen?", fragten sie. „Den Hannes? Keine Ahnung. Irgendwo. Der wird schon noch kommen."

Draußen war es jetzt kühl und windig, aber hier im Bus hatten sie es warm. Sie packten ihre letzten Butterbrote aus. Der Lehrer und der Busfahrer gingen die Straße zurück.

Einer im Bus fragte: „War der Hannes überhaupt dabei? Den hab ich gar nicht gesehen."

„Ich auch nicht", sagte ein anderer.

Aber morgens, als sie hier ausgestiegen waren, hatte der Lehrer sie gezählt, und beim Mittagessen im Gasthaus hatte er sie wieder gezählt, und dann noch einmal nach dem Geländespiel. Da war Hannes also noch bei ihnen gewesen.

„Der ist immer so still", sagte einer. „Von dem merkt man gar nichts."

„Komisch, dass er keinen Freund hat", sagte ein anderer, „ich weiß noch nicht einmal, wo er wohnt." Auch die anderen wussten das nicht. „Ist doch egal", sagten sie.

Der Lehrer und der Busfahrer gingen jetzt den Waldweg hinauf. Die Kinder sahen ihnen nach.

„Wenn dem Hannes jetzt etwas passiert ist?", sagte einer.

„Was soll denn passiert sein?", rief ein anderer. „Meinst du, den hätte die Wildsau gefressen?" Sie lachten. Sie fingen an, sich über die Angler am Fluss zu unterhalten, über den lustigen alten Mann auf dem Aussichtsturm und über das Geländespiel. Mitten hinein fragte einer: „Vielleicht hat er sich verlaufen? Oder er hat sich den Fuß verstaucht und kann nicht weiter. Oder er ist bei den Kletterfelsen abgestürzt?"

„Was du dir ausdenkst!", sagten die anderen. Aber jetzt waren sie unruhig. Einige stiegen aus und liefen bis zum Waldrand und riefen nach Hannes. Unter den Bäumen war es schon ganz dunkel. Sie sahen auch die beiden Männer nicht mehr. Sie froren und gingen zum Bus zurück.

Keiner redete mehr. Sie sahen aus den Fenstern und warteten. In der Dämmerung war der Waldrand kaum noch zu erkennen.

Dann kamen die Männer mit Hannes. Nichts war geschehen. Hannes hatte sich einen Stock geschnitten, und dabei war er hinter den anderen zurückgeblieben. Dann hatte er sich etwas verlaufen. Aber nun war er wieder da, nun saß er auf seinem Platz und kramte im Rucksack. Plötzlich sah er auf und fragte: „Warum seht ihr mich alle so an?"
„Wir? Nur so", sagten sie. Und einer rief: „Du hast ganz viele Sommersprossen auf der Nase." Sie lachten alle, auch Hannes.
Er sagte: „Die hab ich doch schon immer."

168

ÜBUNG

Einfach zum Nachdenken.

Die Bedeutung von manchen Menschen oder Dingen wird uns oft erst dann bewusst, wenn sie plötzlich nicht da sind.
Denke an einen wichtigen Menschen und schreibe in drei Minuten auf, was dir alles fehlen würde, wenn er plötzlich nicht mehr da wäre.

Beantworte folgende Fragen zum Text in vollständigen Sätzen.

1. Warum hat kein Mitschüler bemerkt, dass Hannes nicht zum Bus zurückgekommen ist?

2. Wie reagieren die anderen Kinder, als sie merken, dass Hannes wirklich fehlt?

3. Was hat sich verändert, nachdem Hannes wieder aufgetaucht ist?

4. Wie könnte das Verhältnis zwischen Hannes und den anderen Schülern in Zukunft aussehen?

5. Wie erzählt Hannes die Geschichte, die er erlebt hat, seinen Eltern beim Abendessen? Setze die begonnene Erzählung fort.

„Stellt euch vor, heute beim Ausflug habe ich große Aufregung ausgelöst. Ich ging mit ein paar Schulkollegen und wollte mir einen Stock abschneiden. Ich hatte gerade einen schönen gefunden, als ..."

EINE SAGE NACHERZÄHLEN

169 ÜBUNG

Versuche diese streng geheime Botschaft zu entschlüsseln.

Ojdiu xfjufstbhfo!
Ein Hinweis: Du brauchst dazu das Alphabet.

170 ÜBUNG

Finde das Lösungswort in diesem Labyrinth. Es hat etwas mit der Sage auf der folgenden Seite zu tun.

171 ÜBUNG

Lies folgenden Text:

Rübezahl als Holzfahrer

Ein armer Bauersmann hatte sich des Winters ein wenig Holz im Gebirge zusammengelesen. Weil aber nur wenig Schnee gefallen war, wusste er sich keinen Rat, das Holz den Berg hinunter nach Hause zu schaffen. Wie er so recht in Gedanken dastand, kam unverhofft ein Mann mit einem Schlitten auf ihn zu und fragte, was ihm fehle. Der Bauer klagte seine Not. „Seid ohne Sorge!", entgegnete Rübezahl – denn dies war der andre –, „helft nur das Holz auf den Schlitten packen, dann will ich Euch hinunterhelfen." Da luden sie beide Schlitten, Rübezahls und des Bauern, voll auf. Rübezahl hieß ihn getrost bergab fahren und folgte ihm nach. Das ging wie der Blitz; ehe sich's der Bauer versah, waren sie unten. Rübezahl half ihm die Schlitten bis vor das Haus schieben, trat in die Stube und nahm vorlieb mit dem, was ihm die guten Leute, die an dem vielen Holze große Freude hatten, bereitwillig auftrugen. Der Bauer gab ihm auch einige Groschen für seine Mühe und wollte ihm diese gern besser bezahlt haben, wenn er's gehabt hätte.

Zwei hübsche Kinder, die in der Stube umhersprangen, gefielen Rübezahl besonders wohl. Er rief das eine, einen muntern Knaben, freundlich zu sich, zog ein paar Kügelchen aus der Tasche und sagte: „Sieh, was ich dir zum Spielen schenke!" Der Knabe griff beherzt zu, und weil das andere Kind so verlangend danach blickte, aber nicht heranzukommen wagte, warf ihm Rübezahl gleichfalls so ein paar Kügelchen in den Schoß. Darauf nahm er Abschied und zog mit seinem Schlitten dem Gebirge zu. Nach einer guten Weile, als die Eltern eine von den kleinen Kugeln in die Hand nahmen und näher betrachteten, entdeckten sie, dass es lauter gediegenes Gold sei. Da wurden sie recht von Herzen froh; denn sie waren blutarm und konnten nun von dem Gelde eine schöne Zeit haushalten.

Ihre Freude war so groß, dass sie das unverhoffte Glück sogar ihrem Nachbarn erzählten, einem geizigen Manne, der ihnen nie in der Not geholfen hatte. Das machte dem Geizigen Lust, auf gleiche Weise zu solchem Glück zu gelangen. Doch weil ihm niemand zu Hilfe kommen wollte, musste er zuletzt seinen Schlitten ganz allein und leer wieder nach Hause schieben.

H. Kletke

172 ÜBUNG

Wenn du die Sage fertig gelesen hast, versuche dir das Geschehen wie in einer Fotogeschichte vorzustellen. Statt der Fotos schreibe den Text in Kurzform in die noch freien Rahmen.

Der Bauer stand ratlos auf dem Berg. Er wusste nicht, wie er das Holz ins Tal schaffen sollte.	Rübezahl kam und half ihm. Sie packten das Holz auf die Schlitten und brachten es heim.	
Rübezahl schenkte den zwei Kindern des Bauern ein paar Kugeln zum Spielen.		Die Eltern entdeckten, dass die Kugeln aus Gold waren.
	Der geizige Nachbar wollte auch beschenkt werden. Ihm half Rübezahl aber nicht.	

173 ÜBUNG

Beantworte folgende Fragen.

1. Der Bauer klagte Rübezahl seine Not. Was sagte er?

2. Wie half Rübezahl dem Bauern?

3. Was war das Geschenk Rübezahls an die beiden Kinder?

4. Wie erging es dem geizigen Nachbarn des Bauern?

174 ÜBUNG

Schreibe fünf Formulierungen aus dem Text, die dir besonders gefallen, in den Kreis. Schau dir die zwei Beispiele an.

unverhofft,
von Herzen froh

Jetzt kennst du die Sage schon so gut, dass du sie selbst erzählen kannst. Das machst du, wenn du eine Nacherzählung schreibst.
Dabei gibst du den Inhalt und den Ablauf der Sage genau wieder, du verwendest aber natürlich deine eigenen Worte.

175 ÜBUNG

Lies die Sage noch einmal aufmerksam durch oder lasse sie dir von jemandem vorlesen. Dann schreibe eine Nacherzählung. So kannst du beginnen:

Ein armer Bauer sammelte im Winter auf einem Berg Brennholz.

Limerick

Ein Limerick ist ein kurzes, meist scherzhaftes fünfzeiliges Gedicht. Dabei reimen sich die Zeilen 1, 2 und 5. Die Zeilen 3 und 4 haben einen anderen Reim.

Es ritten drei Damen aus Riga
lächelnd auf einem Tiger.
Zurück von dem Ritt
warn sie nicht mehr zu dritt
Und es lächelte nunmehr der Tiger.
Cosmo Monkhouse

Da gab's einen Burschen in Traun,
dem gefielen besonders die Frau'n.
Am schönsten war Bella,
sein Bruder war doch schneller,
darum hat er ihn ganz toll verhau'n.
Jürgen Tobisch

Versuche selbst einen Limerick zu schreiben, indem du die Lücken ausfüllst.

Da gab's ____________________ in Bern, (ein Mädchen, einen Mann, ein ...)

____________________ so gern. (Fernsehen, Süßigkeiten, ...)

auf ____________________ war er/sie ganz spitz

____________________ Witz

____________________ern. (fern, Stern, Herrn, Kern, liefern, lagern, Eltern, ...)

Es gab ____________________ in Tirol

____________________ wohl

____

____

____________________ol/-ohl (hohl, unwohl, Kohl, Alkohol, Südpol, Stanniol, ...)

GEREIMTES VERSTEHEN

176 **ÜBUNG**

Lies folgende lustige Rätselreime laut vor:

Stückenmich und Spinderkiel
Eva Rechlin

Man spielt´s im Sommer überall,
das leichte Spiel heißt BEDERFALL!

Es ist ein Tier, ich glaub´, ein Hund?
Ja sicher, es heißt HÄFERSCHUND!

Wie oft wohl ein Kamel verschwand
Im glühendheißen SÜSTENWAND?

Und tut dir mal der Magen weh,
sei schlau und trink TAMILLENKEE!

So mancher, der sich bücken muss,
kriegt plötzlich einen SCHEXENHUSS!

Auf manchem Kopf, wie wunderbar,
wächst seidenweiches HOCKENLAAR!

Was hilft bei Hunger, nicht bei Durst?
Da hilft ein Brot mit WINKENSCHURST!

Ich weiß ein Schimpfwort, gar nicht fein,
das heißt: „Du dummes SCHWARZENWEIN!"

Warum kratz´ ich am Rücken mich?
Ich hab´ dort einen STÜCKENMICH!

Ich singe gerne laut und viel.
Das ist für mich ein SPINDERKIEL!

Was lieben kleine Kinder sehr?
Sie lieben ihren BEDDYTÄR!

Ich sitze manchmal stundenlang
zum Gucken auf der BENSTERFANK!

Es taugt zum Malen und zur Schrift:
Es ist ein bunter STASERFIFT!

Wie heißt die allerkleinste Maus?
Es ist vielleicht die MASELHAUS!

Wie heißt das allerfeinste Netz?
Ihr wisst es längst: Das NINNENSPETZ!

177 ÜBUNG

Lies das Gedicht!

Die sonderbare Stadt Tempone

James Krüss

Kennt ihr schon die Stadt Tempone,
Wo Prinz Rückwärts residiert[1]?
Es ist seltsam und erstaunlich,
Was tagtäglich dort passiert!

Jeden Abend geht die Sonne
Ganz genau im Norden auf.
Und der Mond beginnt im Süden
Und am Morgen seinen Lauf.

Nachts holt man sich dort zum Frühstück
Frische Semmeln aus dem Mund,
Legt sie fein auf einen Teller,
Und dann gibt man sie dem Hund.

Bücher liest man dort vom Ende
Bis zum Anfang mit Genuss.
Und dann bringt man sie dem Händler,
Der das Buch bezahlen muss.

Mit dem Auto fährt man rückwärts.
Wenn man das Benzin vergisst,
Tut man recht, denn man muss tanken,
Wenn die Fahrt zu Ende ist.

Bäume fallen dort vom Himmel
Bei besonders starkem Wind.
Und sie werden immer kleiner,
Bis sie nur noch Samen sind.

Beim Gewitter springen Blitze
Von der Erde in die Höh.
Und bei Regen ziehn die Wolken
Dicke Tropfen aus dem See.

Kinder, die geboren werden,
Sind gewöhnlich siebzig Jahr,
Haben schlechte, braune Zähne
und natürlich graues Haar.

Solche Kinder können rechnen,
Schreiben, lesen und noch mehr,
Und am Herd fällt diesen Kindern
Auch das Kochen gar nicht schwer.

Doch sie werden täglich jünger:
Sechzig, fünfzig, vierzig Jahr!
So verlernen sie allmählich
All ihr Können ganz und gar.

Auch ein Schulhaus soll es geben.
Das ist seltsam wie sonst keins.
Für die größten Albernheiten
Kriegt ein Kind dort eine Eins.

Kürzlich sprach ich mit dem Sohne
Eines alten Stadtgeschlechts[2].
Danach liegt die Stadt Tempone
Hinterm Monde – ziemlich rechts!

[1] residieren: seinen Wohnsitz haben
[2] Stadtgeschlecht: Familie, die schon lange in der Stadt lebt

178 ÜBUNG

Zeichne nun selbst zwei verrückte Situationen in die leeren Rahmen. Entweder solche, die zum Gedicht passen, oder du lässt dir neue einfallen.

179 ÜBUNG

Vervollständige folgende Sätze:

In der Stadt Tempone residiert ______________________________.

Die Sonne geht dort ______________________________

______________________________ gibt man dort dem Hund.

Bücher liest man ______________________________.

Die Kinder bekommen in der Schule für ______________________________

______________________________ eine Eins.

Bei Regen ______________________________.

Die Stadt Tempone liegt ______________________________.

180 ÜBUNG

Was gefällt dir an dieser Stadt?

____

____

EINE BALLADE LESEN

181 ÜBUNG

Lies den folgenden Zauberspruch. Dabei müssen deine Augen von einer Seite zur anderen hüpfen. Versuche es, ohne den Finger oder ein Lineal zu Hilfe zu nehmen.

Hokuspokus	Fidibus,
drei Mal	schwarzer Kater!
Schlangenei und	Krötendreck,
was hier war,	das ist jetzt weg!
Katzenauge,	Eulenschrei,
was verschwunden,	komm herbei!

Kennst du die Geschichte „Der Rattenfänger von Hameln"? Sie handelt von einer großen Rattenplage in der Stadt Hameln. Die Bürger leiden sehr, finden aber keine Hilfe. Da bietet ein Mann dem Bürgermeister seine Dienste an und führt die Ratten durch sein Flötenspiel aus der Stadt. Als ihm der Bürgermeister seinen Lohn nicht gibt, lockt er als Rache nun die Kinder aus der Stadt in den Fluss. Diese Sage gibt es auch in Gedichtform. Ein solches Erzählgedicht nennt man eine Ballade.

182 ÜBUNG

Lies die verkürzte Ballade des „Rattenfänger".

Der Rattenfänger von Hameln

„Wer ist der bunte Mann im Bilde,
Er führet Böses wohl im Schilde,
Er pfeift so wild und so bedacht;
Ich hätt mein Kind ihm nicht gebracht!"

In Hameln fochten Mäus und Ratzen
Bei hellem Tage mit den Katzen,
Es war viel Not, der Rat bedacht,
Wie andre Kunst zuweg gebracht.

Da fand sich ein der Wundermann,
Mit bunten Kleidern angetan,
Pfiff Ratz und Mäus zusamm ohn Zahl,
Ersäuft sie in der Weser all.

Der Rat will ihm dafür nicht geben,
Was ihm ward zugesagt soeben,
Sie meinten, das ging gar zu leicht
Und wär wohl gar ein Teufelsstreich.

Die Stadt von solcher Not befreiet,
Im großen Dankfest sich erfreuet,
Im Betstuhl saßen alle Leut,
Es läuten alle Glocken weit.

Die Kinder spielten in den Gassen,
Der Wundermann durchzog die Straßen,
Er kam und pfiff zusamm geschwind
Wohl auf ein hundert schöne Kind.

Der Hirt sie sah zur Weser gehen,
Und keiner hat sie je gesehen.
Verloren sind sie an dem Tag
Zu ihrer Eltern Weh und Klag.

183

ÜBUNG

Beantworte die folgenden Fragen.

In der Ballade werden der Name der Stadt und des Flusses genannt. Unterstreiche beide mit einem bunten Stift.

1. In der ersten Strophe der Ballade spricht jemand. Wer kann das sein?

____

2. Warum werden Ratten und Mäuse als Plage betrachtet? Schreibe zwei Gründe auf, die dir einfallen.

____

3. Der „Rat“ (= der Bürgermeister und die Ratsherren) will dem Mann die zugesagte Belohnung nicht geben. Welche Ursache nennen sie in der Ballade dafür?

____

4. Wie bemerkt man, dass die Menschen in Hameln von einer Plage befreit sind? Beende die Sätze:

   Viele Menschen gehen ______________________________

   Die Kinder ______________________________

5. Es wird erzählt, dass der Rattenfänger die Kinder „zusammenpfiff“. Der Ausdruck „pfeifen“ wurde früher für das Flötespielen verwendet. Suche noch weitere Wörter, die heute nicht mehr gebräuchlich sind, und unterstreiche sie mit einem Buntstift.

Wie kannst du die folgenden Beispiele in unserer heutigen Sprache ausdrücken?

Beispiel: Er führet Böses wohl im Schilde. ► Er plant heimlich etwas Böses.

1. fechten – fochten ______________________________
2. bedenken – bedacht(e) ______________________________
3. mit bunten Kleidern angetan ______________________________
4. was ihm ward zugesagt ______________________________
5. wohl auf ein hundert schöne Kind ______________________________

184 ÜBUNG

Versuche nun die ganze letzte Strophe der Ballade in deinen eigenen Worten auszudrücken.

____

____

____

____

____

185 ÜBUNG

Viele Gedichte haben, wie die Ballade „Der Rattenfänger von Hameln", Reime am Ende jeder Zeile. Finde nun selbst die fehlenden Reimwörter im folgenden Gedicht. Schreibe sie in die Lücken.

Abends schleicht auf leiser Tatze
zu dem Kirschbaum Nachbars ____________.
Klettert flink hinauf bis fast
auf den allerhöchsten ____________.
Denn bekanntlich fressen Katzen
außer Mäusen auch gern ____________.
Vater Spatz piepst laut im Dustern
und beginnt sich aufzupl____________.
Augen glühen, Krallen wetzen,
Vater Spatz hört's mit Ent____________.
Doch die Spätzin (woll'n wir wetten?)
wird schon ihre Kinder ____________.
Kämpft so lange um ihr Nest,
bis die Katz den Baum ver____________.

Aus: Das Sprachbastelbuch

GESCHICHTEN ZU ENDE DENKEN

186

ÜBUNG

In diesem Raster sind 8 Wörter versteckt, die in der Geschichte „Die Dinos sind zurück!" (Übung 187) vorkommen. Du findest sie, wenn du von links nach rechts oder von oben nach unten suchst. Diese Erzählung ist spannend und die gesuchten Wörter steigern diese Stimmung. Markiere diese Wörter mit einem Leuchtstift und schreibe sie auf.

X	R	N	N	O	F	K	L	O	S	T	N	B	S	W	V	B
P	L	Ö	T	Z	L	I	C	H	N	S	C	H	R	I	E	Q
S	A	C	H	X	Ü	W	R	T	N	P	P	E	B	N	E	W
E	R	T	J	J	S	O	V	B	Ö	N	N	M	J	J	O	Ü
C	H	F	G	B	T	A	A	A	U	F	G	E	R	E	G	T
K	F	A	D	C	E	E	G	N	N	O	L	L	T	B	R	V
L	S	T	A	R	R	T	E	Q	R	K	Y	Ö	H	G	R	M
Ü	C	Ö	C	X	T	R	Q	G	U	X	B	E	F	R	K	V
E	H	F	K	R	E	X	T	B	H	Ä	L	Z	T	O	E	B
T	R	F	L	P	H	Z	D	N	I	J	T	U	R	B	W	U
Y	I	B	A	L	K	D	H	Ö	G	V	E	I	T	B	Ü	L
C	E	Ä	U	H	I	E	E	H	B	D	I	O	Z	T	R	K
V	K	K	R	W	D	I	N	O	S	A	U	R	I	E	R	I
E	B	Q	F	V	Ö	G	H	K	P	T	D	X	U	R	L	E

1. Notiere hier die gefundenen Wörter:

2. Fallen dir weitere Wörter ein, die diese Stimmung verstärken? Notiere sie!

DURCH STARTEN

DEUTSCH

AUFSATZTRAINING

LÖSUNGSHEFT

Verfasst von Nicola Peherstorfer, Elisabeth Radlmair,
Ingrid Rathner, Jürgen Tobisch, Johann Waser

5. UND 6. SCHULSTUFE

VERITAS

Beispiele für mögliche Lösungen

(Wenn Namen angeführt sind, handelt es sich um Arbeiten von Schülerinnen und Schülern, die nur geringfügig verändert wurden.)

1

11 Hühner, ein Hahn
Ameisen, Käfer, Larven, Regenwürmer, Maulwurf, Mäuse, ...

2 Individuelle Lösung

3 Individuelle Lösung

4 Individuelle Lösung

5 Individuelle Lösung

6 Individuelle Lösung

7

Mögliche Antworten:

- Vielleicht sehnt sie sich nach den anderen Hühnern und nach dem gemeinsamen Fressen. Sie wird sich auch auf ihre Stange im Stall zurückwünschen, weil sie dort immer so gut geschlafen hat.
- Es gefällt ihr vermutlich, dass sie ein großes Zimmer für sich allein hat und dass sie mit so vielen verschiedenen Dingen spielen kann.
- „Was ist denn mit Rosalinde passiert? Sie wird uns fehlen."

8 Individuelle Lösung

9 Individuelle Lösung

10 Individuelle Lösung

11

Baumkrone
Hahnenkamm
Schneckenhaus
Pfauenfeder
Wasserspiegel
Regenbogen

12 Individuelle Lösung

13 Individuelle Lösung

14 Individuelle Lösung

15 Individuelle Lösung

16 Individuelle Lösung

17

Morgen wird Bea bei ihrer Freundin **übernachten**. Sie werden gemeinsam **Computer** spielen. Wenn sie im Bett liegen, **werden sie sich Gruselgeschichten erzählen**. Die beiden coolen Burschen werden sich **fürchten** wie noch nie!

18

Das war vielleicht lustig gestern, als ich mit Rex in den kalten See hüpfte!
Zuerst **getraute** sich der Feigling gar nicht in das eiskalte Wasser, aber als ich es ihm **zeigte**, konnte er sich doch nicht mehr halten und **sprang** mir nach.
Und dann **wollten** wir beide gar nicht mehr heraus. Erst als ich am ganzen Körper **zitterte** und meine Zähne **klapperten**, hatte ich genug.

19

Es ist Herbst: Die bunten Blätter, die auf den Büschen und Bäumen zu sehen sind, und die Kleidung der Kinder weisen darauf hin.

20 Individuelle Lösung

21 Individuelle Lösung

22

a ► e ► i ► o ► u ► a

- Hiati ost ion Iochhürnchin za ans gizugin.
- Och botti iach elli, Kackack, Schwelbin, Aha, Lervin, Schmittirlongi, Wispin, nihmt is gat eaf.
- Och müchti, dess is soch wuhl bio ans fählt.

23

Als Beispiel ein Text von Anna B., 10 Jahre: (Text leicht verändert)

Das Huhn kauft wie immer unter dem Dach leckere Regenwürmer.

Das Huhn Isolde vom Hühnerstall Grunzendorf saß mit ihren Freundinnen bei einem gemütlichen Regenwürmerklatsch. Insgesamt waren sie zu fünft, so ging sich das Tarockieren genau aus. Die Hühner spielten anstatt um Geld um Hahnenfedern, die sie Ihrem Anführer kurz zuvor ausgerupft hatten. Als die Freundinnen das vierte Spiel beginnen wollten, bemerkten sie plötzlich, dass nicht einmal ein einziger kleiner Regenwurm noch in der Schüssel lag. Und außerdem war kein Tropfen Kaffee mehr da.

So meinte Isolde: „Meine lieben Freundinnen, wir müssen Kaffee kochen und neue Regenwürmer picken! Sonst können wir einfach nicht weiterspielen." Das gab ein aufgeregtes Gegacker. Gemeinsam entschieden sie, Rosi, Mucki und Heide sollten Kaffee kochen, während Isolde und Röschen auf Regenwürmersuche gehen sollten. Aber so richtig Spaß machte den zwei müden Hühnern die Suche nicht.

Nachdem sie eine ganze Weile erfolglos auf der Wiese herumgepickt und herumgekratzt hatten, meinte Isolde, das Huhn mit den meisten Ideen: „So lass uns doch zu Henriette gehen, die verkauft unter dem Dach ganz geheim die leckersten Regenwürmer!"

Der Vorschlag gefiel Röschen sehr. Als sie bei Henriette ankamen, gackerten sie: „Bitte gib uns ein Kilo Regenwürmer von der leckersten Sorte!" „Gut, das macht drei Hahnenfedern!", meinte die Verkäuferin.

Und so konnten sie mit ihren Freundinnen wieder glücklich Karten spielen.

24
Individuelle Lösung

25
Individuelle Lösung

26
Individuelle Lösung

27
Individuelle Lösung

28
Individuelle Lösung

29
Individuelle Lösung

30
Individuelle Lösung

31

„Der Riese" (7 – 5 – 1)

Ich erzählte dem Riesen, dass ich einmal so groß sein möchte, dass ich, wenn ich mich strecke, die Wolken berühren kann.

Da nahm mich der Riese vorsichtig beim Kragen und hob mich in die Höhe. Ich konnte über den Wald sehen und sogar über den Kirchturm, ja, bis ins Nachbardorf; so hoch war ich.

Ich sagte ihm, er solle mich noch höher heben, damit ich die Wolken berühren kann. Sie sahen zuerst so weich aus, aber als ich danach griff, fühlte ich nur eine angenehme Frische. Er setzte mich behutsam wieder auf den Boden.

„Auf Schatzsuche" (9 – 3 – 6)

Die Schatzkarte hatte nicht gelogen. Ich hatte den Hügel mit dem großen Baum gefunden. Zehn Schritte Richtung Westen, da musste ich zu graben beginnen.

Nach einer knappen halben Stunde stieß die Schaufel auf etwas Hartes. Ich warf sie zur Seite und grub mit den Händen weiter, bis ich einen kleinen Deckel erkennen konnte. Ich fand eine Kiste, die bis zum Rand oben hin mit Gold gefüllt war.

Die Kiste war schwer, aber ich konnte sie bergen. Ich überlegte, was ich nun mit meinem Reichtum anstellen wollte. Von dem vielen Gold wollte ich mir ein Schloss bauen und meine Eltern auf eine Weltreise schicken.

„Im Land der Träume" (8 – 4 – 2)

Als ich die Augen aufschlug, sah ich das freundliche Gesicht des Sandmannes. Er fragte mich, ob ich nicht müde sei. „Nein", sagte ich. „Na, dann komm mit. Ich zeige dir den wunderbarsten Ort, den es gibt."

Der Sandmann nahm mich mit und er führte mich an einen Strand, auf dem überall Zwerge standen und eifrig im Sand wühlten. Das war der Schlafsand.

Das Männlein gab mir einen Sack und flüsterte geheimnisvoll: „Da sammeln wir den Sand, den wir den Menschen in die Augen streuen müssen. Hilfst du mir beim Einfüllen?" Und weil er mich so nett bat, half ich ihm natürlich.

32

siehe Lösung 31

33
Individuelle Lösung

34
Individuelle Lösung

35

Eines Morgens

David wachte auf, die **Welt** aber nicht. **Das** wusste **David** aber noch nicht. **Beim Frühstück** nahm er die **Milch** und eine **Schüssel Cornflakes. Die Milch** ergoss sich nicht wie gewohnt in die **Schüssel**, **David** schüttelte die auf den **Kopf** gestellte **Packung**, die **Milch** aber blieb darin. **Mit** einer **Schere** öffnete er die **Tüte**, er schnitt an den **Kanten** entlang bis zum **Boden**, ebenso auf der anderen **Seite** und klappte die **Wand** herunter. **Die Milch** blieb, wo sie war. **Mit** einem **Löffel** schabte er die **Milch** hervor und kostete vorsichtig. **Sie** schmeckte normal, sie schlief nur und wollte nicht geweckt werden.

Eigentlich müssten jetzt schon **Zeichentrickfilme** sein, dachte er sich und schaltete den **Fernseher** ein, doch nur kleine schwarze und weiße **Punkte** waren zu sehen. **Das Fernsehprogramm** ging auch nicht. **Nicht** einmal das übliche **Flimmern** der kleinen **Punkte**, wie tausende **Ameisen**, sah er auf der **Mattscheibe. Die Ameisen** schlafen wohl noch, dachte **David.**

Er ging zum **Telefon** und nahm den **Hörer** von der **Gabel. Er** hatte sicher schon die ersten drei **Ziffern** gewählt, als er bemerkte, dass das **Telefon** tot war. **David** hämmerte darauf los, drückte alle **Tasten**, aber das gewohnte **Tuten** wollte sich nicht einstellen.

36

Individuelle Lösung

37

Ein lautes Knurren lenkt meine Aufmerksamkeit auf zwei **Hunde**, die sich um einen Knochen streiten. Sie beißen und bellen wild durcheinander. In der Nähe des Flusses sitzt ein Mann auf **glühenden** Kohlen, er scheint sich aber nur für den **Fischer** neben ihm zu interessieren, der die Fische **mit den Händen** fängt. Zu gerne würde er den großen **Fisch** hinter ihm fangen, der gerade einen kleineren Fisch **frisst.**

38

Ein Mann sitzt auf glühenden Kohlen. Zwei Hunde streiten sich um einen Knochen. Der Mann scheint sich nur für den Fischer zu interessieren. Der Fischer fängt die Fische mit den Händen. Zu gerne würde er den großen Fisch hinter ihm fangen, der gerade einen kleineren Fisch frisst.

39

Individuelle Lösung

40

naschen, genießen, schlecken, verdrücken, kosten, kauen, hinunterschlingen, verzehren, knabbern, fressen, schlürfen, aufessen, vertilgen, aufzehren, auslöffeln, hineinstopfen, hinunterschlucken, leeren, tafeln, knuspern, verputzen, sich einverleiben, ...

41

Individuelle Lösung

42

Individuelle Lösung

43

Individuelle Lösung

44

Individuelle Lösung

45

Individuelle Lösung

46

Individuelle Lösung

47

Goldkugel aus „Froschkönig“, Esskorb aus „Rotkäppchen“, Nadel und Faden aus „Das tapfere Schneiderlein“, Lebkuchen aus „Hänsel und Gretel“, Brathuhn aus „Die kluge Gretel“, Spinnrad aus „Dornröschen“

48

1. richtig, **2.** falsch, **3.** falsch, **4.** richtig, **5.** falsch, **6.** richtig, **7.** richtig

49

1. Goldklumpen – Pferd – Kuh – Schwein – Gans – Stein

2. Hans tauscht immer etwas Wertvolleres gegen etwas weniger Wertvolles ein.

3. Hans wird zwar für sein Verhalten belächelt, aber immerhin ist er glücklich.

4. Hans´ Tauschgeschäfte machen ihn glücklich, auch wenn er immer mehr und mehr verliert.

50

1. Gretel soll zwei Hühner zum Abendessen zubereiten.
2. Der Herr und sein Gast kommen nicht und die Hühner sind längst gar.
3. Der Gast glaubt, dass ihm der Herr die Ohren abschneiden will.
4. Weil sich die Hauptfigur durch eine listige Schwindelei aus der Bedrängnis zieht.

51

Die kluge Gretel

1. Erzählschritt: Die Hauptfigur (Gretel) wird vorgestellt (Name, Beruf)	Es war einmal eine Köchin, die hieß Gretel, die trug Schuhe mit roten Absätzen, und wenn sie damit ausging, so drehte sie sich hin und her, war ganz fröhlich und dachte: „Du bist doch ein schönes Mädel." Und wenn sie nach Hause kam, so trank sie aus Fröhlichkeit einen Schluck Wein, und weil der Wein auch Lust zum Essen machte, so versuchte sie das Beste, was sie kochte, so lang, bis sie satt war, und sprach: „Die Köchin muss wissen, wie das Essen schmeckt."
2. Erzählschritt: Der Herr tritt auf. Der Gast wird erwartet Gretel bereitet zwei Hühner zu. Der Gast kommt nicht.	Da sagte der Herr einmal zu ihr: „Gretel, heut Abend kommt ein Gast, richte mir zwei Hühner her." „Ich werde es schon machen, Herr", antwortete Gretel. Nun stach sie die Hühner ab, brühte sie, rupfte sie, steckte sie an den Spieß und brachte sie zum Feuer, damit sie braten sollten. Die Hühner fingen an, braun und gar zu werden, aber der Gast war noch nicht gekommen. Da rief Gretel dem Herrn: „Kommt der Gast nicht, so muss ich die Hühner vom Feuer tun, ist aber jammerschade, wenn sie nicht bald gegessen werden, wo sie am besten im Saft sind."
3. Erzählschritt: Der Herr holt den Gast. Hühner verbrennen allmählich und weder Herr noch Gast kommen. Gretel isst allmählich die Hühner auf.	Da sprach der Herr: „Ich laufe und werde den Gast holen." Als der Herr den Rücken gekehrt hatte, legte Gretel den Spieß mit den Hühnern beiseite und dachte: „So lange da beim Feuer stehen, macht durstig, wer weiß, wann die kommen! Ich laufe schnell in den Keller und nehme mir einen Schluck." Sie lief hinab und sprach: „Prost, Gretel", und tat einen guten Zug. Schnell ging sie zu den Hühnern. Weil aber der Braten so gut roch, dachte Gretel: „Es könnte etwas fehlen, ich muss kosten!" Sie schleckte mit dem Finger und sprach: „Nein, was sind die Hühner gut! Es ist ja eine Sünde, wenn man sie nicht gleich isst!" Sie lief zum Fenster und schaute, ob der Herr mit dem Gast schon zu sehen wäre, aber sie sah niemand. Sie stellte sich wieder zu den Hühnern und dachte: „Der eine Flügel verbrennt, besser ist es, ich esse ihn auf." Also schnitt sie ihn ab und aß ihn. Er schmeckte wunderbar und als sie damit fertig war, dachte sie: „Der andere muss auch weg, sonst merkt der Herr, dass etwas fehlt." Als sie die zwei Flügel gegessen hatte, ging sie wieder und schaute nach dem Herrn und sah ihn nicht. „Wer weiß", fiel es ihr ein, „sie kommen wohl gar nicht und sind wo eingekehrt." Da sprach sie zu sich: „Gretel, sei guter Dinge, das eine ist doch angegriffen, nimm noch einen frischen Trunk und iss es ganz auf, wenn es weg ist, hast du Ruhe, warum soll die gute Gottesgabe umkommen?" Also lief sie noch einmal in den Keller, nahm einen Schluck Wein und aß das eine Huhn in aller Freudigkeit auf. Als das eine Huhn hinunter war und der Herr noch immer nicht kam, sah Gretel das andere an und sprach: „Wo das eine ist, muss das andere auch sein, die zwei gehören zusammen. Was dem einen recht ist, das ist dem andern billig; ich glaube, wenn ich noch einen Schluck nehme, so sollte mir das nicht schaden." Also nahm sie noch einen herzhaften Trunk und ließ das zweite Huhn wieder zum andern laufen.
4. Erzählschritt: Der Herr kommt zurück. Die Hühner sind aufgegessen. Der Gast kommt.	Als sie gerade beim Essen war, kam der Herr dahergegangen und rief: „Beeil dich, Gretel, der Gast kommt gleich nach." „Ja, Herr, ich werde sie schon zurichten", antwortete Gretel. Der Herr sah indessen, ob der Tisch wohl gedeckt war, nahm das große Messer, womit er die Hühner zerschneiden wollte, und wetzte es auf dem Gang. Da kam der Gast und klopfte höflich an der Haustür. Gretel lief und schaute, wer da war, und als sie den Gast sah, hielt sie den Finger an den Mund und sprach: „Still! Still!

5. Erzählschritt: Gretel schwindelt zuerst den Gast und anschließend den Herrn an. Gretel ist gerettet.	Macht geschwind, dass Ihr wieder fort kommt, wenn Euch mein Herr erwischt, so seid Ihr unglücklich. Er hat Euch zwar zum Nachtessen eingeladen, aber er hat nichts anders im Sinn, als Euch die beiden Ohren abzuschneiden. Hört nur, wie er das Messer dazu wetzt." Der Gast hörte das Wetzen und eilte, was er konnte, die Stiegen wieder hinab. Gretel war nicht faul und lief schreiend zu dem Herrn und rief: „Da habt Ihr einen schönen Gast eingeladen!" „Aber warum denn, Gretel? Was meinst du damit?" „Ja", sagte sie, „der hat mir beide Hühner, die ich eben auftragen wollte, von der Schüssel genommen und ist damit fortgelaufen." „Das ist eine feine Art", sprach der Herr, und es war ihm leid um die schönen Hühner, „wenn er mir denn wenigstens das eine gelassen hätte, damit mir was zu essen geblieben wäre." Er rief ihm nach, er sollte stehenbleiben, aber der Gast tat, als hörte er es nicht. Da lief er hinter ihm her, das Messer noch immer in der Hand, und schrie: „Nur eins! Nur eins!", und meinte, der Gast sollte ihm nur ein Huhn lassen und nicht alle beide nehmen. Der Gast aber meinte, er sollte eins von seinen Ohren hergeben, und lief, als wenn Feuer unter ihm brennen würde, damit er sie beide heimbrächte.

Quelle: Die kluge Gretel: nach Kinder- und Hausmärchen. Band 1. Gebrüder Grimm 1850. An Neue Rechtschreibung angepasst.

52

sieben Raben, sieben Jahre Pech, sieben Geißlein, sieben Berge;
drei Königssöhne, drei Haselnüsse für Aschenputtel, aller guten Dinge sind drei, drei Prüfungen

53

Hauptwörter: Prinzessin, Riese, Drache, Schloss, Wald, Rotkäppchen, Märchen, Lebkuchenhaus
Zeitwörter: verzaubern, schlafen, heiraten, erlösen, wünschen, schenken, erzählen, fressen
Eigenschaftswörter: schön, reich, dumm, golden, tapfer, glücklich, klug, ängstlich, geheimnisvoll

54

Individuelle Lösung

55

Text 1 Märchen: Rotkäppchen
verändertes Element: Ort

Text 2 Märchen: Schneewittchen
verändertes Element: Figur: Schneewittchen ► Angelina Jolie

Text 3 Märchen: Der Froschkönig
verändertes Element: Handlung: Frosch darf vom Teller der Prinzessin essen

56

1. Hänsel und Gretel, **2.** Rotkäppchen, **3.** Der Wolf und die sieben Geißlein, **4.** Froschkönig, **5.** Schneewittchen, **6.** Tischlein deck dich

57

Individuelle Lösung

58

Individuelle Lösung

59

1. Ein Kind, ein Hund, Decke, Kappe, Freundschaftsband

2. Am Strand; in den Ferien; im Sommer

3. Das Kind könnte Sarah oder Kristina heißen, der Hund Bello. Ein Fotograf könnte dabei sein oder die Eltern, die das Foto schießen.

4. Es ist fröhlich und glücklich; es fühlt sich müde und schläfrig.

5. Vielleicht hat das Mädchen einen langen Strandspaziergang mit dem Hund unternommen oder längere Zeit mit dem Hund im Wasser herumgetollt.

60

Individuelle Lösung

61

Axel (10 Jahre) hat zu dieser Übung Folgendes notiert:
Wie könnte der Autofahrer heißen? Was passiert auf diesem Bild?
Herr Düsi rast mit seinem schnellen BMW absichtlich gegen die Einbahnstraße.

Was passiert zwischen dem ersten und zweiten Bild?
Er fährt zu schnell. Er kann auch nicht ausweichen, denn die Straße ist zu schmal.

Was geschieht auf dem zweiten Bild?
Der Lastwagenfahrer erschrickt sehr. Er reißt den Mund weit auf.

Wie ist der PKW-Lenker auf die Motorhaube des LKW gekommen?
Der PKW-Fahrer kracht frontal gegen den LKW. Die Kraft des Zusammenstoßes schleudert den unangeschnallten Insassen durch die Windschutzscheibe auf die Motorhaube des LKW.

Was denken die beiden wohl? Was werden sie tun?
Der LKW-Fahrer ruft: „Geh sofort runter von meiner Motorhaube, du Wahnsinniger!" Der PKW-Fahrer denkt: „Wo bin ich? Warum brummt mein Kopf so entsetzlich?" Der Lastwagenfahrer wird Anzeige gegen den Autofahrer erstatten.

62

Axel (10 Jahre) hat zu dieser Übung Folgendes notiert:
Schreibe einige Zeilen, wie das Erlebnis für Herrn ... beginnt.
Herr Düsi hat Stress, ist schon spät dran. Er will keinen Umweg fahren und fährt daher gegen die Einbahn.
Schreibe einige Zeilen, wie das Erlebnis enden könnte.
Der BMW ist total kaputt und ist nicht mehr zu gebrauchen. Der Fahrer geht benommen, aber ohne schwere Verletzungen nach Hause.

63

„Noch einmal gut gegangen"
Eines Morgens klingelte bei Herrn Düsi der Wecker nicht, daher wachte er erst später auf. Als er auf die Uhr schaute, traf ihn schier der Schlag: schon Viertel nach acht. Blitzschnell sprang er aus dem Bett, zog sich an, rannte die Treppe hinunter in die Küche, schnitt zwei Scheiben Brot und aß sie hastig.
Danach lief er zu seinem Auto, stieg ein und gab Gas. Gleich kam er zu einer Einbahnstraße. Die wäre eine super Abkürzung, dachte er. Ohne sich weiter viel Gedanken zu machen, fuhr er mit Vollgas hinein.
Auf halbem Weg kam ihm ein LKW entgegen. Der Lastwagenfahrer erschrak sehr, riss den Mund auf und sah entgeistert das Auto an. Herr Düsi sah den LKW viel zu spät, er konnte in der schmalen Straße auch nicht ausweichen und krachte frontal gegen den Lastwagen. Den unangeschnallten Lenker schleuderte es aus dem Sitz und durch die Windschutzscheibe auf die Motorhaube des LKW. Doch er hatte Glück im Unglück. Er war ganz benommen, doch sonst nicht ernsthaft verletzt. Nach dem ersten Schrecken erstattete der LKW-Fahrer Anzeige. Erstens wegen der geschrotteten Autos und zweitens wegen der Einbahn.
Für Herrn Düsi, den man ins Krankenhaus brachte und der später eine hohe Geldstrafe bezahlen musste, war es dennoch ein schwarzer Tag gewesen. (Axel, 10 Jahre)

64

Die richtige Reihenfolge: 1, 3, 2, 4
Sätze 2 bis 5: Individuelle Lösung

65

1.
Mann: „Schön, dass du wieder da bist, Schatz. Ich habe eine Überraschung für dich."
Frau: „Ach Walter, Liebling, ich freue mich, dass ich wieder daheim bin."
Männchen (denkt): Na wartet nur, ihr werdet euch schön wundern!
2.
Mann: „Hier, mein Schatz. Den schönsten Rosenstrauß, den ich finden konnte, habe ich dir mitgebracht."
Frau: „Du willst mich wohl zum Narren halten, Walter!"
Männchen (denkt): Bin gespannt, was jetzt noch passieren wird.

66

Der Mann erzählt	Sätze (1) und (6)
Die Frau erzählt	Sätze (2) und (4)
Das Männchen erzählt	Sätze (3) und (5)

67

Der hinterlistige Vampir

Es war ein schöner Sommertag und der immer freundliche Herr Huber verabredete sich mit seiner Verlobten Margarita im Kaffeehaus Praining. Der Vampir Josef, der immer zu Streichen aufgelegt war, hatte aber mitbekommen, dass sich sein Nachbar Huber mit der schönsten Frau der Stadt treffen sollte.

Wütend rief er: „Das darf doch wohl nicht wahr sein. Ich hätte es verdient, ihr einen Blumenstrauß zu überreichen."

Doch auf einmal huschte ein Lächeln über seine Lippen und er rief mit lauter und Furcht einflößender Stimme: „Du gehörst mir, Margarita. Ich habe einen Plan."

„Einen Plan, einen Plan", wiederholte das Echo in der dunklen Gasse.

Mit diesen Worten machte Josef sich auf den Weg zum Kaffeehaus. Tatsächlich, dort stand Herr Huber mit der schönen Margarita und hielt rote Rosen hinter seinem Rücken versteckt.

„Schnipp, schnapp, gleich sind die Blumen ab", dachte Josef, der sich mit einer scharfen Schere hinter der Mauerecke des Kaffeehauses versteckte. Der richtige Moment war gekommen und schwupp, schon waren die Blüten der Rosen abgeschnitten. Sogleich versteckte sich Josef wieder hinter der Mauer und musste sich das Lachen verkneifen.

Nach dem Küsschen holte Herr Huber die Blumen hervor und siehe da: Nur einen Haufen grüner Stängel hielt er in der Hand. Margarita kullerten beinahe Tränen über die Wangen. Doch anstatt zu weinen stieß sie einen Schrei aus, holte mit der Hand aus und gab Herrn Huber eine kräftige Ohrfeige.

Nach einem kurzen Schock kam Herr Huber wieder zu sich und sagte: „Was fällt dir denn ein?" Plötzlich kam der Vampir hervor und platzte fast vor Lachen. Traurig machte der Mann sich auf den Heimweg, als er sah, dass der Vampir mit Margarita davonging.

Bald fand Herr Huber wieder eine neue schöne Dame, doch Margarita wird er trotzdem niemals vergessen.

(Laura H., 10 Jahre)

68

Individuelle Lösung

69

„Die Nacht des Schreckens"

Am späten Abend saß Jonas allein vor dem Fernsehgerät. Nur Bello, sein Hund, hatte es sich neben ihm gemütlich gemacht. Auf dem Tisch lag ein Zettel der Eltern. Darauf stand: Sind um 23.00 Uhr wieder daheim. Keine Gruselfilme!

Aber Jonas ließ sich nicht davon abhalten. Als der erste Film zu Ende war, erschien nach der Werbung ganz verschwommen der nächste Titel: „Die Nacht des Schreckens". Der Bub holte sich etwas zum Knabbern und machte es sich auf der Couch gemütlich. Immer weiter beugte sich Jonas vor, weil es so spannend wurde. Auf einmal hörte man einen lauten Schrei. Eine grässliche Gestalt schoss auf Jonas zu, die einem Flugdrachen ähnlich war. Voller Entsetzen starrte er auf den Bildschirm, die Haare standen ihm in die Höhe.

Schnell huschte Jonas aus dem Wohnzimmer und rannte so flott wie möglich die Treppe hoch. Der Drache ist hinter mir her, dachte er sich.

Als er in seinem Zimmer ankam, wagte er sich nicht ins Bett zu legen, sondern kroch unter das Bett. Genau an dem Platz, an dem sonst immer Bello lag, musste er später eingeschlafen sein.

Als seine Eltern nach Hause kamen, sahen sie nur Bello gemütlich in Jonas' Bett liegen. „Jonaaas", rief die Mutter. Der wurde allmählich wach und kroch ängstlich unter dem Bett hervor. Jetzt werde ich gewiss eine Woche Fernsehverbot bekommen, dachte er.

Und so kam es auch. „Du hast dir wohl den Horrorfilm angeschaut", schimpfte der Vater. „Dafür wirst du nächste Woche gar keinen Film sehen."

70

- ☑ Die Figuren haben Namen.
- ☑ Alle Bilder sind gut verwendet.
- ☑ Was zwischen den Bildern geschieht, wird ausreichend geschildert.
- ☑ Die Erzählung hat eine Vorgeschichte und einen passenden Abschluss.
- ☑ Der Leser/Die Leserin kann die Erzählung auch ohne Bilder verstehen.

☑ Die Überschrift ist treffend.
☑ Wörtliche Reden, Gedanken und Gefühle beleben die Geschichte.
Beispiel: „Schnipp, schnapp, gleich sind die Blumen ab", dachte Josef.
☑ Gute Wortwahl, abwechslungsreicher Satzbau
Beispiel: „Einen Plan, einen Plan", wiederholte das Echo in der dunklen Gasse.
Was hätte Laura deiner Meinung nach besser beschreiben können?
Bild 1 ist wenig beschrieben, zB dass Margarita auf Herrn Huber zugeht.

71

Folgende Ausdrucksweisen sind am besten:
1. Die Eltern schrieben einen Zettel und <u>legten</u> ihn auf den Tisch.
2. <u>Obwohl es die Eltern verboten hatten</u>, wollte Jonas sich den Gruselfilm anschauen.
3. Auf einmal <u>erschien</u> auf dem Bildschirm eine hässliche Gestalt.
4. Jonas <u>erschrak</u> und schrie auf.
5. <u>Wie der Blitz</u> rannte er in sein Zimmer und <u>krabbelte</u> unter sein Bett.

72
Individuelle Lösung

73
Individuelle Lösung

74

Urlaub in Italien
Familie Haas ist in den Sommerferien nach Italien geflogen. Dort wollen sie wunderschöne Wochen verbringen. Gleich am ersten Tag spielt Anna, die Tochter der Familie, lange Zeit im Wasser. Man merkt, dass sie langsam müde wird. Endlich geht sie zum Liegestuhl zurück und wirft sich darauf. Gleich kommt Bello, der Hund von Familie Haas, zu ihr, er mag sie nämlich sehr. Ein paar Minuten später schlafen sie nebeneinander auf dem Liegestuhl ein. Lena, die große Schwester von Anna, liegt im Liegestuhl nebenan. Sie blättert genervt in ihrem Modeheft und sucht nach etwas Neuem, aber erfolglos.
Gerade eben treffen die Eltern ein. Mit einem schallenden „Hallo, Mädchen, wollen wir essen gehen?" begrüßen sie die Geschwister. Darauf gibt Lena ein raunzendes „Vielleicht" von sich. Anna ist durch die lautstarke Frage der Eltern aufgeweckt worden. Bald gehen sie zusammen zur Bar, um zu essen.
(Luca E., 10 Jahre)

75
Individuelle Lösung

76
Individuelle Lösung

77
Individuelle Lösung

78
Individuelle Lösung

79
Individuelle Lösung

80

Individuelle Lösung

81

1. Erzählschritt: Peter und Kerstin fuhren mit der Straßenbahn.
2. Erzählschritt: Ein Mann mit einem Aktenkoffer setzte sich zu ihnen.
3. Erzählschritt: Der Kontrollor stieg ein.
4. Erzählschritt: Der Kontrollor erwischte den Mann, der keine Fahrkarte hatte.
5. Erzählschritt: Der Mann versuchte sich herauszureden. Er beschuldigte Kerstin.
6. Erzählschritt: Der Schwarzfahrer musste die Straßenbahn verlassen.

82

Das Besondere zuerst
Heute morgen begegneten Kerstin und Peter einem richtigen Betrüger.

Direkte Rede
„Hast du gesehen, wie gut ich das neue Spiel schon kann?", fragte Kerstin und hielt Peter den Gameboy vor die Nase.

Direkter Einstieg
Da stand er, der Mann mit dem schwarzen Aktenkoffer und telefonierte mit seinem Handy.

Informationen zu den W-Fragen
Kerstin und Peter fuhren wie jeden Morgen mit der Straßenbahn in die Schule.

83

Der Mann mit dem Aktenkoffer behauptete, dass seine Fahrkarte in Kerstins Schultasche sei.

84

erschrecken, Angst, anstarren, Gemeinheit, böse

85

1. Peter verteidigte Kerstin: „Das ist alles gar nicht wahr. Kerstin ist die ganze Zeit neben mir gesessen und hat mit mir Gameboy gespielt. Außerdem hat sie eine eigene Fahrkarte."
2. Kerstin brachte kaum ein Wort heraus: „Wieso sagen Sie so etwas, das stimmt doch gar nicht. Ich habe nichts getan."
3. Der Kontrollor meinte nur: „Das werden wir gleich haben. Steigen Sie an der nächsten Haltestelle mit mir aus."

86

1. Das Ereignis wird zusammengefasst.
2. Das Wichtigste wird betont.
3. Direkte Rede wird verwendet.
4. Es wird eine Hoffnung ausgedrückt.

87

☑ Florian **spielte** den Ball mit dem Kopf zurück.
☑ Dann **verließen** wir das Haus.
☑ Julia **spannte** ihren Regenschirm auf.

88

1. Peter **fand** gestern auf der Straße 50 Euro.
2. Ein Italiener **fragte** mich nach dem Weg.
3. Zu Ferienbeginn **gab** es auf der Autobahn einen großen Stau.
4. Beim Marathon **lief** der Mann aus Kenia Bestzeit.
5. Evi **verletzte** sich in der Turnstunde den Fuß.

89

▪ Die Mutter **kam** nach Hause. Sie **fragte** ihren Sohn: „War jemand da?" Darauf **antwortete** der Sohn: „Ja." Die Mutter **wollte** wissen: „Wer?" Der Sohn **meinte**: „Ich." Die Mutter **entgegnete**: „Nein, ich meine, ob jemand **kam**?" Der Sohn **sagte**: „Ja, du!"

▪ Josip **sollte** einen Aufsatz über ein Fußballspiel schreiben, aber ihm **fiel** nichts ein. Also **schrieb** er: Der Platz **war** nicht bespielbar.

90

1. Das dort drüben ist der Junge, **der** in unserer Schule neu ist.
2. Sein Name **ist** Markus.
3. Gestern spielten wir im Turnunterricht **Fußball**.
4. Unsere Mannschaft hat gewonnen, weil Markus **viele Tore** geschossen hat.
5. Unsere Freude **war groß**.
6. Markus ist wirklich der **beste** Fußballspieler in unserer Klasse.

91

1. Cornelia sah im Kino den neuen Actionfilm. Tom Cruise spielte die Hauptrolle. Die Zeitungen berichteten begeistert von dem Film.
2. Der Junge ging in den Park und spielte mit seinen Freunden. Dann aß er ein Eis. Schließlich fing es an zu regnen und er lief schnell heim.
3. Iris trifft ihre Freundin und sie gehen ins Kino. Ihre Mutter ist krank und kann nicht mit dem Auto fahren, daher müssen sie den Bus zum Kino-Center nehmen.
4. Weil er Durst hatte, hatte Markus das Wasser so schnell getrunken, dass er Bauchschmerzen bekam. Er bekam auch Halsschmerzen und am nächsten Tag war er krank.

92

watscheln, hüpfen, torkeln, spazieren, schreiten, laufen, trampeln, stöckeln, schleichen, kriechen, huschen, marschieren, stolpern, stolzieren, waten, stapfen, schlendern, wandern

93

das Frühstück	zubereiten
einen Kuchen	backen
ein Geschenk	basteln
Mut	zusprechen
einen Kreis	zeichnen
ein Geburtstagsfest	veranstalten
die Hausübung	schreiben
einen Kurs	besuchen
einen Drachen	bauen

94

Du musst die Satzanfänge großschreiben.

In den letzten Sommerferien verbrachten wir eine Woche bei meiner Oma in Kroatien. **E**ines Abends fand meine Mama dort eine kleine Katze. **S**ie saß neben der Mülltonne und miaute leise. **S**ie war noch sehr jung. **W**eil sie so schön aussah, nahm Mama sie mit ins Haus. **D**as Kätzchen durfte in meinem Bett schlafen. **A**m nächsten Morgen erwachte ich davon, dass etwas an meinem Ohr schnurrte. **I**ch freute mich sehr und gab dem Kätzchen den Namen Kiki. **D**ann ging ich mit ihm in den Garten und schaukelte es im Liegestuhl. **N**ach dem Urlaub nahmen wir Kiki mit nach Hause. **J**etzt ist sie schon eine große Katze geworden.

95
Individuelle Lösung

96
Individuelle Lösung

97
Individuelle Lösung

98
Individuelle Lösung

99
Individuelle Lösung

100
Individuelle Lösung

101
Individuelle Lösung

102
Individuelle Lösung

103

Hoffentlich konntest du in jedem der vier Bereiche mindestens fünf Sinneseindrücke festhalten!

104

glattes Haar	eine gerade Körperhaltung
ein glänzendes Fell	einen traurigen Blick
große Augen	lange, weiße Barthaare
eckige Brillen	einen Vollbart/Schnurrbart
lange Wimpern	eine weiche Schnauze
lange Hinterläufe	einen schmalen/vollen Mund
einige Pickel auf der Nase	lackierte Fingernägel
Sommersprossen	lange, gebogene Krallen

105

1. mündlich – „voll fertig“ ist umgangssprachlich (nicht beim Schreiben verwenden!)
2. schriftlich (typisch schriftlich: „ertrug“)
3. schriftlich (typisch schriftlich: „gehörig“)
4. mündlich (umgangssprachlich „voll viele“, außerdem sehr unhöflich und respektlos ▸ im Schriftlichen vermeiden!)
5. beides möglich
6. eher mündlich – („baggy“ und „oversize“)

106

Individuelle Lösung

107

1. meine Katze	von vorne nach hinten
2. Toaster	Funktion – Aussehen – Besonderheiten
3. Spielanleitung	von Anfang bis Ende
4. mein Klassenvorstand	Aussehen – Hobbys – besondere Eigenschaften
5. Lieblingsschauspieler	Beruf – Aussehen – Besonderheiten
6. mein Klassenzimmer	im Uhrzeigersinn

108

Was wir hier basteln
Die chinesische Wunderblume ist eine ganz besondere Blume, sonst würde sie ja nicht „Wunderblume" heißen. Wenn du die geschlossene Blüte aufs Wasser legst, öffnet sie sich nach einer Weile von ganz allein, und die bemalte Innenseite wird sichtbar.

Arbeitsschritt 1
Zeichne mit Hilfe einer Tasse oder mit einem anderen Gefäß einen Kreis auf Papier.

Arbeitsschritt 2
Falte den Kreis dreimal zu einem Achtel zusammen. Zeichne das Blütenblatt auf die Oberseite und schneide das Papier rund um das Blatt herum ab.

Arbeitsschritt 3
Falte die Blume auseinander, male sie nur auf der Oberseite bunt an und falte alle Blütenblätter zur Mitte.

Erklärung
Warum sich die Blüten öffnen, ist für Menschen, die etwas von Physik verstehen, kein großes Geheimnis: Die unbemalte Seite des Papiers saugt sich voll Wasser und dehnt sich aus. Die Blütenblätter brauchen Platz und öffnen sich.
Quelle: Bastelanleitung:www.zzzebra.de. Copyright © Labbé Verlag

109

1. Satz **b**, Satz **c** und Satz **i**
2. Satz **d**
3. Sätze **i**, **j** und **c**

6 a) An der Wand gegenüber der Eingangstür stehen meine Regale und mein Kleiderschrank.
3 b) Davor steht ein Rollsessel mit blauer Auflage.
Über dem Schreibtisch hängt mein Kalender und über dem Bett meine zwei Lieblingsbilder.
10 c) Außerdem liebe ich meine wunderschönen Pflanzen auf dem Fensterbrett, die ich selbst gieße und pflege.
1 d) Mein Kinderzimmer ist relativ klein, aber gemütlich.
4 e) Das Bett steht übrigens gleich anschließend, direkt unter dem großen, lang gezogenen Fenster.
7 f) Auf dem Boden liegt ein dicker, hellgrüner Teppich, auf dem ich früher immer meine Legoburg aufbaute.
5 g) Mein Bett hat ein ausziehbares Gästebett in der Lade, deshalb können meine Freunde auch jederzeit bei mir übernachten.
2 h) Gleich links von der Tür steht mein Schreibtisch, der wie alle Möbel im Raum aus Holz ist.
9 i) Immer wenn ich beim Lernen eine kleine Pause brauche, schaue ich durch dieses Fenster ins Freie.
8 j) Am meisten mag ich an meinem Zimmer das große Fenster, durch das ich auf die Bäume im Garten sehen kann.

110

Lösung siehe Übung 109

111

Haare (Frisur und Bart)	Körperteile und Merkmale	Körperbau
Schnurrbart	Muttermal	dürr
Vollbart	Leberfleck	zierlich
Stirnfransen	Sommersprossen	hager
Glatze	langer Oberkörper	mager
Scheitel	hohe Stirn	gertenschlank
schütteres Haar	stechende Augen	schmächtig
struppige Haare	tief liegende Augen	mollig
gewellte Haare	verkniffener Mund	beleibt
volles Haar	volle Lippen	muskulös
feine Haare	fahle Haut	kräftig
Pagenkopf	rosige Haut	gebückt

112

K 1 Mein graues Haustier Hoppel hat eine ganz weiche Nase, die sich meistens sehr schnell bewegt.
K 6 Ganz hinten hat er einen kleinen, weißen Schwanz, den man bei diesen Tieren Blume nennt.
W 2 Mit seinem bräunlichen Schnabel und dem kleinen, runden Kopf sieht er sehr schön aus.
W 4 Nach dem Fliegen ist er hungrig und frisst am liebsten Mamas Blumenstöcke.
K 2 Seine auffallendsten Zähne sind die zwei riesigen Nagezähne im Obergebiss.
W 1 Mein Haustier Pipsi ist ein gelbes, ungefähr 15 Zentimeter großes Männchen.
W 3 Wenn ich seinen Käfig öffne, fliegt Pipsi gerne durch unsere Wohnung.
K 5 Mein Haustier ist rund und weich und hat ein kuscheliges, graues Fell.
K 3 Die Ohren bewegt Hoppel sehr gern, an ihnen erkenne ich immer, ob er aufgeregt ist oder ob es ihm gut geht.
K 4 Sein Kopf ist rundlich und die Augen sehen aus wie zwei große, blaue Kugeln.
W 5 Am tollsten finde ich, dass ich Pipsis Käfig am Abend nur mit einem Tuch zudecken muss und er dann sofort still ist und einschläft.

Welcher der beiden wurde ...

... von oben nach unten bzw. vorne nach hinten beschrieben? Hoppel
... und welcher nach Aussehen, Vorlieben, Besonderheit? Pipsi

113

Text 1 (Tim) = Figur 3, Hinweis: Er ist der Kleinste.
Text 2 (John) = Figur 4, Hinweis: Brille
Text 3 (Jim) = Figur 2, Hinweis: Seitenscheitel
Text 4 (Tom) = Figur 1, Hinweis: Flecken, Löcher, heraushängende Kleidermarke

114

Auf dem Foto ist Daniel Radcliffe zu sehen, der die Figur des Harry Potter in den Kinofilmen verkörpert.

Zum Zeitpunkt der Aufnahme ist Radcliffe ungefähr **15** Jahre alt. Er hat dunkelbraune, kurze, leicht wellige Haare. Seine blauen Augen wirken unter den relativ buschigen, dunkelbraunen Augenbrauen besonders hell. Auffallend ist sein recht kleiner, gerader Mund, der sein Gesicht konzentriert wirken lässt.

Radcliffe trägt eine dunkle, **runde** Brille, die dieselbe Farbe wie seine Haare hat.

Zum weißen Hemd passt die dunkelrot-beige gestreifte Krawatte sehr gut. Der dunkelgraue Pullover mit **V-Ausschnitt** scheint ein dünner Wollpullover zu sein. Auf seiner **rechten** Schulter ist der Riemen einer Tasche zu sehen. Die Kleidung, die Radcliff hier trägt, könnte eine englische **Schul**uniform sein.

115

Text 1: mögliches Ende: Meine Füllfeder besteht aus Kunststoff und ist einfärbig rot. Ich fülle sie immer mit blauen Tintenpatronen. Meine Feder ist eine sehr dünne Feder, weil ich gerne mit einem dünnen Strich klein schreibe.

Text 2: (So könnte eine gute Beschreibung aussehen)

Glücksbringer

Jeder beliebige Gegenstand kann ein Glücksbringer sein: ein Kuscheltier, ein Stein, ein Foto und vieles mehr. Allerdings ist es praktisch, wenn der Glücksbringer klein und handlich ist, dann kann man ihn überallhin mitnehmen.

Viele Menschen nehmen Glücksbringer mit, wenn sie eine schwierige Aufgabe bewältigen müssen: Viele Schüler nehmen Glücksbringer mit zu Schularbeiten und Tests, Erwachsene stecken sich oft einen Glücksbringer in die Tasche, wenn sie einen wichtigen Termin im Beruf haben. Manche Leute packen sogar einen Glücksbringer ein, wenn sie zu einem wichtigen Arzttermin gehen.

Mein Glücksbringer ist ein kleiner Stoffesel. Eli, so nenne ich ihn, habe ich von meiner Schwester zum 6. Geburtstag bekommen. Seither nehme ich Eli immer mit, wenn ich in der Schule Tests habe oder wenn wir auf Urlaub fahren. Ich fahre eigentlich nie länger weg, ohne Eli mitzunehmen. Bisher hat mir Eli immer Glück gebracht.

116

Der Heuler = Bild Nr. 2, Der feuerfeste Ballon = Bild Nr. 1

117

(Das ist übrigens Bild Nr. 3)

Blase einen Ballon auf und klebe einfach auf eine beliebige Stelle ein Stückchen Klebeband. Stich dort mit der Nadel hinein.

Was passiert? Der Ballon bleibt ganz.

Warum? Der feste Klebestreifen verhindert, dass die gespannte Hülle des Ballons platzt.

118

So könnten deine Wegbeschreibungen aussehen:

Von der Polizei zum Supermarkt
Gehe geradeaus den Semmelweg entlang, der ab dem Zebrastreifen Kirchengasse heißt. Folge dem Straßenlauf, dann kommst du am AKH, dem Blumenladen und dem Museum vorbei. Die Kirchengasse mündet in die Hauptstraße, genau dort findest du den Supermarkt. Der Eingang ist allerdings auf der anderen Seite des Gebäudes, du musst also noch rundherum gehen.

Vom Restaurant zum Blumengeschäft
Geh nach rechts die Seestraße entlang bis zum Zebrastreifen und biege dort nach links in die Kirchengasse. Das dritte Gebäude auf der rechten Seite ist das Blumengeschäft.

Vom Kino zum Altersheim
Wenn du aus dem Kino raus gehst, halte dich links und biege dann nach links in die Hauptstraße ein. Beim Cafè musst du links in den Altrosaweg einbiegen und dann gleich wieder links in die Schulstraße. Gehe die Schulstraße bis zum Ende, genau dort ist das Altersheim.

119

- **Dieses** ~~Geduldsspiel~~/Wettspiel/~~Geschicklichkeitsspiel~~ **spielt man am besten in** einem Turnsaal oder großen Raum.
- **Es spielen** mindestens zwei Spielerpaare/~~Spieler/Spielergruppen~~ gegeneinander, einen Schiedsrichter zum Stoppen der Zeit braucht man auch.
- **Als Material** benötigt man mehrere Hütchen/~~Seile/Bälle~~, mit denen man eine Kurvenstrecke mit Start und Ziel ausstecken kann, eine Stoppuhr und ein großes Tuch.
- **Zu Spielbeginn** sitzt der erste Spieler auf dem Tuch am Start/~~Ende~~ der Wettstrecke, sein Partner, der 2. Spieler, hält das Tuch.
- Sobald der Schiedsrichter „Los!" ruft, zieht der 2. Spieler seinen Partner möglichst schnell durch die Hütchen ins Ziel.
- Alle weiteren Pärchen durchlaufen denselben Parcours und werden dabei gestoppt.
- **Gewonnen hat**/~~Ziel des Spiel ist es~~ das Paar, das am schnellsten war.

120

Meine Schwester – so könnte der Text aussehen
Meine Schwester Stefanie ist 14 Jahre alt und sehr <u>hübsch</u>. Stefanie ist 1 Meter 50 groß und <u>wirklich schlank</u>. Sie hat ein <u>ovales, regelmäßiges</u> Gesicht und <u>wunderschöne, große</u> Augen. Auf ihrer linken Wange hat sie eine <u>kleine, Z-förmige</u> Narbe. Besonders schön finde ich ihre <u>schulterlangen, blonden, lockigen</u> Haare, die sie meistens offen trägt.
Am liebsten zieht Stefanie Jeans und ein <u>einfärbiges rosa</u> T-Shirt an. Hauben und Turnschuhe mag sie nicht so gern.

121

Dieser gute Text stammt von einer Schülerin deines Alters:

Meine Nachbarin Birgit
Ich beschreibe meine Nachbarin Birgit, weil sie auch eine gute Freundin von mir ist. Unsere Freundschaft ist entstanden, da wir die gleichen Interessen haben und zwischen uns nie Meinungsverschiedenheiten auftreten. Ihre Größe beträgt 155 Zentimeter und das Gewicht ist mir unbekannt. Da Birgit aber eine mollige Figur hat, bringt sie vermutlich einige Kilos zu viel auf die Waage. Ihre Haarpracht ist schulterlang geschnitten und haselnussbraun. Birgits blaue Augen schmücken das Gesicht wie die Sterne am Himmel. Die mit Sommersprossen übersäte Nase passt sehr gut zu ihrem ständig lächelnden Mund. Man könnte denken, das Gesicht hätte ein Engel geschnitzt.
Die Freizeit nutzt sie, um ihren zahlreichen Hobbys nachzugehen. Reiten, Schwimmen, Lesen, Zeichnen und ihren kleinen Bruder zu nerven sind einige davon. Familie Steiner besitzt auch eine Katze namens Babu, dreizehn Fische und eine kleine Wohnung.
Zu ihrer Lieblingsbekleidung gehören Jeans und mit Stickerei verzierte T-Shirts. Birgit bevorzugt zu Mittag meistens Mohnnudeln und trinkt am liebsten Apfelsaft. Sie war schon dreimal in Griechenland und bringt mir jedes Mal etwas mit.
Da wir leider in verschiedene Schulen gehen und ich immer sehr spät heimkomme, kann ich sie nicht oft sehen. Aber ich hoffe, ich kann noch lange ihre Freundin sein.

(Romana, 10 Jahre, Sprache und Aufbau nahezu unverändert, die Rechtschreibfehler sind getilgt)

122
Individuelle Lösung

123
Individuelle Lösung

124
Individuelle Lösung

125
Material:
Du benötigst ein großes, quadratisches Blatt Papier/Karton, eine Musterklammer, Buntstifte und eine Schere.
Arbeitsschritte:
Zeichne einen Kreis auf das Blatt Papier und schneide den Kreis aus.
Male sechs Köpfe mit unterschiedlichen Gesichtsausdrücken rund um die Scheibe: Sie sollen zeigen, ob du gut gelaunt oder ganz übel gelaunt bist.
Bohre dann ein Loch in die Mitte der Scheibe.
Schneide anschließend einen Zeiger aus dem restlichen Papier aus.
Bohre auch noch ein Loch in den Zeiger.
Stecke jetzt die Klammer durch den Zeiger und die Scheibe und montiere so den Zeiger auf deiner Uhr.
Wie du die Gefühlsuhr nutzen kannst:
Sobald die Uhr fertig ist, kannst du ohne Worte zeigen, wie du gerade aufgelegt bist!

126
Individuelle Lösung

127
Individuelle Lösung

128
Individuelle Lösung

129
Individuelle Lösung

130

E		**H**	**Ü**	B	E	R	R	**A**	S	C	H	E	N	D
N	**N**	E	B	E	L	I	G	B				**G**	**F**	H
T		**F**	O	L	G	E	N	S	C	H	W	E	R	C
G		T						T				R	O	I
E		I						U				I	N	L
G		G		T	H	Ö	H	R	E	B	**Ü**	S	T	R
E	T							Z				S	A	H
N	**S**		S					**G**				E	L	Ä
K	M		L		**U**	N	B	E	K	A	N	N	T	F
O	E		I	**S**	T	R	A	F	B	A	R			E
M	R		E	T	G	I	D	Ä	H	C	S	E	**B**	G
M	B		T					H					E	S
E	E		SS			**V**	E	R	L	E	T	Z	T	N
N	G		O					D					R	E
D	N	E	R	E	E	H	R	E	**V**				U	B
	U		**G**					T					N	E
S	C	H	W	E	R	W	I	E	G	E	N	D	K	**L**
						Ü	B	E	R	M	Ü	D	E	T
			T	L	E	T	T	I	M	R	E	V	N	**U**

Gesuchte Wörter:
folgenschwer, unvermittelt, betrunken, strafbar, übermüdet, nebelig, verheerend, beschädigt, unbekannt, großteils, entgegenkommend, verletzt, lebensgefährlich, absturzgefährdet, gerissen, überraschend, ungebremst, heftig, schwerwiegend, überhöht, frontal

131

folgenschwere	Entscheidung
verheerende	Folgen
übermüdeter	Fahrer
entgegenkommendes	Auto
gerissener	Taschendieb
ungebremster	Aufprall
lebensgefährliche	Verletzungen
strafbare	Handlung
nebeliger	Herbsttag
unbekannter	Täter
frontaler	Zusammenstoß
unvermitteltes	Überholmanöver

132

Was?	Autounfall
Wo?	Graz: Elisabethstraße/Merangasse
Wer?	Huber L. (Opfer: Stefan S.)
Wann?	Montag, 3. November gegen 17 Uhr
Warum?	von der Sonne geblendet, rote Ampel übersehen
Welche Folgen?	L. rammte S., beide leicht verletzt

133

Die drei Originalsätze lauten:

- Am Sonntag, | den 3. Mai | verunglückte | beim Grand Prix von Phantasia | der Formel-1-Fahrer Franco Sausi | tödlich.
- Am 18. Jänner 2025 | gewann | Theo Sayr | die Abfahrt von Kitzbühel | zum 3. Mal | in Folge.
- Der 12-jährige Kevin J. | verschluckte | am Silvesterabend | eine Fischgräte | und | musste | mit Atemnot | ins Krankenhaus | gebracht werden.

134

Gefährliche Schneeball-Attacke
In **Hinterstoder** wurde eine Mädchenschigruppe von Burschen mit Schneebällen derart heftig beworfen, dass eines der Mädchen mit einer Platzwunde in das Krankenhaus Kirchdorf gebracht werden musste.
Hinterstoder. Am Dienstag, dem 12. Februar, attackierte eine Schigruppe des X-Gymnasiums die Mädchen des Y-Gymnasiums mit Schneebällen. Die Mädchengruppe hatte sich mit ihrem Lehrer am Pistenrand gesammelt, als die **Snowboarder** der anderen Schule aus heiterem Himmel die Schneeballschlacht eröffneten. Ein sehr vereister Schneeball traf die 11-jährige Tanja L. dermaßen unglücklich auf der Stirn, dass sie eine **Platzwunde** davontrug. Sie wurde ins LKH Kirchdorf eingeliefert, wo sie **genäht** werden musste. Für das Mädchen war somit der Schulschikurs vorbei, sie wurde am **Mittwoch** nach Hause entlassen.

135
Individuelle Lösung

136
Individuelle Lösung

137

Entführung	**Unfall**	**Banküberfall**
Täter	überhöhte Geschwindigkeit	Tatwaffe
Tatwaffe	B 12	Beute
Beute	glimpflich	Unbekannter
Erpresser	Führerscheinneuling	maskiert
Lösegeld	Unbekannter	
Unbekannter		
maskiert		

138

1. einen Unfall **verursachen**	in einen Unfall verwickelt werden
2. ein Geständnis **ablegen**	schweigen
3. ein Verbrechen **beobachten**	ein Verbrechen begehen
4. die Rettung **alarmieren**	die Rettung wegschicken
5. einen Berg **bezwingen**	vor dem Gipfel umkehren
6. bei einem Unfall verletzt werden	**unverletzt** bleiben
7. eine Zeugenaussage machen	eine Zeugenaussage **verweigern**
8. die Prüfung schaffen	bei der Prüfung **durchfallen**
9. den Bus gerade noch erwischen	den Bus **verpassen**
10. an ihren Geburtstag denken	ihren Geburtstag **vergessen**
11. ihn anrufen	ihm eine SMS **schicken**

139
Individuelle Lösung

140
Individuelle Lösung

141

„Unsere DVD ‚Lebe lauter – Live' erschien am **19. 10. 2007**.
Auf der DVD findet man auch eine Dokumentation über mich und die **Band**.
Stefan, ein guter Freund und außerdem unser Lichttechniker, filmte die gesamte **Tour**.
Er filmte auch Backstage und im **Bus**.
In dieser Dokumentation sieht man mich und die Band auch im Tourbus, der normalerweise **unser privater Bereich ist**.
Herausgeschnitten wurde nicht sehr viel, nur wenn **zu viel geblödelt wurde**.
Man sieht auch Szenen, bei denen nicht alles so optimal **lief**.
Zum Beispiel bei einigen Live-Konzerten in Deutschland fiel **der Vorhang ab und zu nicht**, und da war ich echt unzufrieden.
Dass Oliver und ich ein Paar sind, sieht man natürlich auch **in der Dokumentation**.
Wir kleben aber nicht ständig aufeinander.
Mit der Dokumentation will ich allen zeigen, dass ich auch ein normaler **Mensch bin und kein abgehobener Popstar**."

142

Meine Radfahrprüfung
Am 5. Juni fand meine Radfahrprüfung in der Volksschule Oftering statt. Die Prüfer, ein paar Polizisten aus Hörsching, begrüßten uns.
Zuerst machten wir einen schriftlichen Test. Eine der Fragen war, welche Verkehrszeichen es gibt. Bei einer anderen Frage war ein Fahrrad abgebildet und man musste hinschreiben, wie die Teile heißen. Alle 26 Kinder gaben den Test ab.
Danach gingen wir raus, denn dann begann der praktische Teil der Prüfung. Wir holten unsere Fahrräder und schoben sie zum Anfang der Fahrstrecke. Ein Polizist fuhr vor und wir Kinder hinten nach, damit wir wussten, wo wir fahren müssen. Dann mussten wir einzeln fahren. Polizisten standen an jeder Ecke und beobachteten, ob wir alles richtig machten, zum Beispiel ob wir Handzeichen gaben und auf der rechten Straßenseite fuhren. Alle Kinder kamen nach dem Alphabet dran. Nachdem alle gefahren waren, gingen wir zurück in die Schule. Nach ein paar Minuten Wartezeit erfuhren wir schon die Ergebnisse: Alle Kinder hatten die Radfahrprüfung bestanden. Wir bekamen den Radführerschein und auch ein Radschloss. Als die Schule aus war, durften alle Kinder mit dem Rad nach Hause fahren.
Maxi, 11 Jahre

143

Text 1
Ich wollte schnell mit dem Scooter zu Tanja fahren und ich hab's schon voll eilig gehabt, weil wir ja noch ins Einkaufszentrum wollten. Und ich bieg da grad um die Ecke, da kommt mir der Matthias vom 1. Stock entgegen. ~~Der Nachbarsjunge fuhr sein neues 21-Gang-Rad und trug wie immer einen Sturzhelm.~~ Er war so schnell unterwegs und, und, außerdem hat er die Kurve geschnitten!
Auf alle Fälle will ich noch ausweichen und rutsch auf irgendwelchen blöden Blättern aus. Super, die neue Hose hin, das Knie blutig und der Matthias lacht nur fies. Und das Einkaufszentrum kann ich mir auch abschminken! ~~Matthias hingegen blieb unverletzt und setzte seine Heimfahrt fort.~~

Text 2
Die 11-jährige Helene E. fuhr mit ihrem Scooter auf dem Gehsteig zu ihrer Freundin Tanja. ~~Es war ein sonniger Tag und das Mädchen war echt gut gelaunt.~~ An der Kreuzung Karlhofstraße/Leonfeldnerstraße stieß sie mit dem 12-jährigen Fahrradfahrer Matthias S. zusammen. Der Junge war auf dem Gehsteig unterwegs und hatte laut Zeugen die Kurve geschnitten. Beim Versuch, dem Jungen auszuweichen, geriet Helene ins Schleudern und krachte gegen einen Laternenmast. ~~Ihr rechtes Knie blutete echt viel und ihre Lieblingshose war zerfetzt.~~ Matthias S. hingegen blieb unverletzt und setzte seine Fahrt fort.

144

Schüler 1 lügt. Wäre er in diesem Bus gewesen, wäre er auch schwer verletzt und somit nicht im Unterricht, sondern im Spital!

Schüler 2 hat sich verrechnet: 10 Minuten + 30 Minuten Verspätung sind in Summe 40 Minuten. Nicht eineinhalb Stunden, wie er behauptet.

Schüler 3 könnte die Wahrheit erzählen. Komisch nur, dass ihm sein Papa nicht gleich eine Entschuldigung geschrieben hat. Vielleicht hat er aber auch nur darauf vergessen.

Schüler 4 hat eindeutig geflunkert! So einen Busfahrer kann es wohl nicht geben, oder?

145
Individuelle Lösung

146
Individuelle Lösung

147
Individuelle Lösung

148
Individuelle Lösung

149
Individuelle Lösung

150
Individuelle Lösung

151
Lösung Labyrinth

152
Individuelle Lösung

153
1. 150 Millionen Jahre lang
2. Vor 65 Millionen Jahren starben die Dinosaurier aus.
3. Ein Meteorit stürzte auf die Erde.
4. Die Pflanzen starben ab und somit verhungerten die Dinosaurier.

154
DER NAME DINOSAURIER KOMMT AUS DEM GRIECHISCHEN UND BEDEUTET AUF DEUTSCH SCHRECKLICHE ECHSE, ABER VIELE DINOSAURIER WAREN GAR NICHT SO SCHRECKLICH. SEHR VIELE VON IHNEN WAREN FRIEDLICHE PFLANZENFRESSER.

155
Individuelle Lösung

156
Satz 3:

Wie sahen Dinosaurier aus?

Was fraßen Dinosaurier?

Wie lebten Dinosaurier?

157
Individuelle Lösung

158
Hund, Katze

159
Individuelle Lösung

160
Die Fledermaus

Fortpflanzung: Sie bringen lebende Junge zur Welt, die nackt und blind geboren werden.

Ernährung: Sie sind Säugetiere. Die Babys leben von der Milch ihrer Mutter. Dann jagen sie Insekten.

Verhalten: Fledermäuse sehen schlecht. Sie „sehen" ihre Beute durch ein Ultraschall-System.

Der Goldhamster

Fortpflanzung: Nach 16 Tagen Tragezeit kommen die Jungen nackt und blind zur Welt.

Ernährung: Die Babys werden von der Mutter gesäugt. Später sind Hamster Allesfresser.

Verhalten: Hamster sind in der Dämmerung unterwegs und schlafen tagsüber. Das nennt man nachtaktiv.

161
Individuelle Lösung

162
Individuelle Lösung

163
Individuelle Lösung

164
Kann ein Meteorit schuld sein?
Kann die Klimaerwärmung schuld sein?
Können kleine Säugetiere schuld sein?
Kann ein Stern schuld sein?

165
Individuelle Lösung

166
Die Botschaft lautet: Kann Weg nicht finden.

167
Individuelle Lösung

168
1. Hannes hat in der Klasse keinen Freund. „Er ist immer so still", sagt einer seiner Mitschüler über ihn.
2. Zuerst machen sie noch Witze, dann aber werden sie unruhig. Sie laufen zum Waldrand und rufen nach Hannes. Sie werden ganz still, weil sie Angst um Hannes haben.
3. Sie sehen Hannes zum ersten Mal richtig an. Er hat Sommersprossen auf der Nase.
4. Sie könnten miteinander reden, etwas miteinander unternehmen oder vielleicht sogar Freunde werden.

169
Regel: (O ► N, D ► C usw.)
Lösung: Nicht weitersagen!

170
Goldkügelchen

171
Individuelle Lösung

172
Der Bauer bewirtete Rübezahl und gab ihm ein wenig Geld.
Rübezahl verabschiedete sich.
Sie freuten sich, weil sie von dem Gold eine Weile leben konnten.

173
1. Der Bauer sagte: „Jetzt habe ich Holz für uns gesammelt, aber wie soll ich es bloß nach Hause bringen?
2. Rübezahl half ihm mit seinem eigenen Schlitten – und wohl auch mit etwas Zauberkraft –, das Holz nach Hause zu bringen.
3. Rübezahl schenkte den Kindern goldene Kügelchen.
4. Dem geizigen Nachbarn zeigte sich Rübezahl nicht.

174
Individuelle Lösung

175
Individuelle Lösung

176
Individuelle Lösung

177
Individuelle Lösung

178
Individuelle Lösung

179
In der Stadt Tempone residiert **Prinz Rückwärts**.
Die Sonne geht dort **ganz genau im Norden auf und frische Semmeln** gibt man dort dem Hund. Bücher liest man **vom Ende bis zum Anfang**.
Die Kinder bekommen in der Schule für **die größten Albernheiten** eine Eins.
Bei Regen **ziehen die Wolken dicke Tropfen aus dem See**.
Die Stadt Tempone liegt **hinter dem Mond, ziemlich rechts**.

180
Individuelle Lösung

181
Individuelle Lösung

182
Individuelle Lösung

183

Stadt: Hameln; Fluss: Weser

1. Es könnte jemand sein, der ein Bild zur Sage vom Rattenfänger betrachtet. Die Person sieht, dass etwas Gefährliches geschieht.
2. Ratten und Mäuse übertragen Krankheiten und fressen Vorräte auf.
3. Sie sagen, der Teufel sei im Spiel gewesen.
4. Viele Menschen gehen in die Kirche.
   Die Kinder spielen auf den Straßen.
5. fechten – fochten = kämpfen, raufen
   bedenken – bedacht(e) = überlegen, nachdenken über eine Lösung
   mit bunten Kleidern angetan = trägt bunte Kleider
   was ihm ward zugesagt = was ihm versprochen wurde
   wohl auf ein hundert schöne Kind = fast hundert schöne Kinder

184

Individuelle Lösung

185

Abends schleicht auf leiser Tatze
zu dem Kirschbaum Nachbars **Katze**.
Klettert flink hinauf bis fast
auf den allerhöchsten **Ast**.
Denn bekanntlich fressen Katzen
außer Mäusen auch gern **Spatzen**.
Vater Spatz piepst laut im Dustern
und beginnt sich aufzupl**ustern**.
Augen glühen, Krallen wetzen,
Vater Spatz hört's mit Ent**setzen**.
Doch die Spätzin (woll'n wir wetten?)
wird schon ihre Kinder **retten**.
Kämpft so lange um ihr Nest,
bis die Katz den Baum ver**lässt**.

Quelle: Abends schleicht auf leiser Tatze: Das Sprachbastelbuch. Ravensburger Taschenbücher, 1975

186

versteckte Wörter:
plötzlich, flüsterte, Dinosaurier, starrte, robbte, aufgeregt, unruhig, schrie

187

Individuelle Lösung

188

Individuelle Lösung

189

Individuelle Lösung

190

1. Sandra ist mutig, neugierig und unerschrocken.
2. Marina ist ängstlicher und vorsichtiger.

191

Wunsch des Sohnes: Er möchte den Krimi sehen.
Begründungen des Sohnes: Seine Freunde dürften die Serie auch sehen. Außerdem sei er kein Kind mehr. Der Vater kenne die Sendung doch auch noch nicht. Vielleicht sei der Krimi ganz harmlos.
Meinung des Vaters: Der Sohn darf die Sendung nicht ansehen.
Begründungen des Vaters: Die Sendung sei spät angesetzt. Sie sei deshalb bestimmt nicht kindertauglich. Eine zu aufregende Sendung stört den Schlaf.

192

Individuelle Lösung

193

Individuelle Lösung

194

Individuelle Lösung

195

die Meinung	grün
die Begründung	lila
das Beispiel/die Tatsache	blau

196

„**Wissen macht ah**" ist meine Lieblingssendung, weil man beim Zusehen viel lacht und doch etwas lernt. Beispiel: Die Moderatoren der Sendung, Shari und Ralph, sind in einem Wunderland und Ralph verwandelt sich in einen Octopus. (Kristina H., 10 Jahre)

Ein weiteres Beispiel von Carina M. (9 Jahre):
Mir gefällt besonders die Sendung *„Pfefferkörner"*, weil die Kinder Detektive sind wie ich. Einmal haben die Pfefferkörner eine Party gemacht.
Plötzlich kamen Gauner herein, die mit einem Baseballschläger alles zerschlagen haben. Diese Party war zerstört, aber die Pfefferkörner hatten eine Idee. Sie machten noch eine Party, aber diesmal unter dem Namen „Mission Backofen". Diese fand in einer großen Halle mit verschließbarem Tor statt.
Als DJ hatten sie einen Erwachsenen mit Waffe. Tatsächlich kamen die Gauner wieder. Schnell wurde das Tor geschlossen und der DJ zielte mit der Pistole auf die Gangster.
So konnte sie die herbeigerufene Polizei einsperren und die Pfefferkörner konnten endlich in Ruhe feiern.

197

Meinung: einfach unterstrichen
Begründung: doppelt unterstrichen
Beispiel: unterpunktiert

Ich finde euer Heft sehr gut. Könnt ihr einmal einen Bericht über das Klavier und die Klaviermusik bringen? Das würde mich sehr freuen, weil ich selbst schon seit einem Jahr Klavier spiele, und ich möchte wissen, wer eigentlich dieses Instrument erfunden hat und wann.

198

Die Begründungen sind unterstrichen.

Zoran:	Ich verstehe überhaupt nicht, **warum** du immer reiten gehst – das ist doch echt langweilig!
Steffi:	Du hast ja keine Ahnung! Mit Pferden wird es nie langweilig, denn da ist so viel zu tun: füttern, striegeln, bewegen.
Zoran:	**Aber** das ist doch immer das Gleiche!
Steffi:	**Stimmt** gar nicht! Die Pferde sind immer anders! Und **außerdem** sind ja auch noch andere Mädchen auf dem Reiterhof, nicht nur ich!
Zoran:	Ja, und dann redet ihr immer nur über Pferde, stimmt's?
Steffi:	Da **hast** du schon **Recht**, **aber** bei euch im Fußballverein ist das ja genauso! Immer das Gleiche!
Zoran:	**Überhaupt** nicht! Nein, bei uns ist es nie fad, **weil** wir sportlich fit sein müssen **und weil** wir auch an unserer Taktik arbeiten! Fad wird es nicht, **obwohl** wir natürlich nur ein Thema haben: Fußball.
Steffi:	Das kann ich mir gar nicht vorstellen. Ihr lauft ja immer nur dem blöden Ball nach.
Zoran:	He – was soll das! Das ist ja echt gemein ...

199

Beispiele für mögliche Verknüpfungen:
Führe ähnliche Tricks nicht zu häufig vor, **denn** sonst ist die Gefahr zu groß, dass die Zuschauer deine Zauberei rasch durchschauen.
Halte einen Abstand von drei Metern zu deinen Zuschauern, **da (weil)** bei geringerem Abstand das Publikum jede Bewegung genau mitverfolgen kann.
Verrate niemals, wie ein Trick funktioniert. Wenn das Geheimnis **nämlich** gelüftet ist, ist der Trick angeblich für immer verloren.
Führe nur Zaubertricks vor, die du wirklich beherrschst, **da (weil)** nur so deine Vorstellung für das Publikum spannend bleibt.

200

Behauptung: einfach unterstrichen
Begründung: doppelt unterstrichen
Beispiel: punktiert unterstrichen

Unser momentanes Lieblingsbuch heißt „Die Wilden Hühner" von Cornelia Funke. Wir finden es sehr lustig und spannend geschrieben. Außerdem handelt es sich um eine richtige Mädchenbande, die immer tolle Einfälle hat. Am lustigsten finden wir die Szene, als die Bubenbande mit völlig nassem und dreckigem Gewand zu ihnen kommt. Da müssen die Buben die Kleidung der Mädchen anziehen, bis ihre eigenen Sachen wieder trocken sind.

201
Individuelle Lösung

202
Individuelle Lösung

203
Individuelle Lösung

204
Mein Lieblingsspiel ist „**Schokohexe**“, weil man immer abwechselnd Karten bekommt, die man braucht, oder eine Schokohexe, die man nicht braucht.
Wenn man die Hexe bekommt, dann muss man sogar einige Karten wieder hergeben. Wer alle sechs Zutaten hat, hat gewonnen.
Besonders lustig ist, dass es sein kann, dass keiner alle sechs Zutaten bekommt, dann haben die Schokohexen gewonnen.
(Carina M., 9 Jahre)

Mit Freude leichter lernen!

Durchstarten Deutsch Coachingbücher
5. Schulstufe: ISBN 978-3-7058-6451-1
6. Schulstufe: ISBN 978-3-7058-6452-8
7. Schulstufe: ISBN 978-3-7058-6834-2
8. Schulstufe: ISBN 978-3-7058-6835-9

Durchstarten Deutsch Übungsbücher
5. Schulstufe: ISBN 978-3-7058-6454-2
6. Schulstufe: ISBN 978-3-7058-6455-9
7. Schulstufe: ISBN 978-3-7058-6841-0
8. Schulstufe: ISBN 978-3-7058-6843-4

Durchstarten Deutsch Rechtschreibung Coachingbuch
für alle Lernjahre: ISBN 978-3-7058-7806-8

Durchstarten Deutsch Rechtschreibung Übungsbuch
für alle Lernjahre: ISBN 978-3-7058-7821-1

Durchstarten Deutsch Grammatik Coachingbuch
für alle Lernjahre: ISBN 978-3-7058-7576-0

Durchstarten Deutsch Grammatik Übungsbuch
für alle Lernjahre: ISBN 978-3-7058-7412-1

Durchstarten Deutsch Diktate
ab der 5. Schulstufe: ISBN 978-3-7058-7807-5

Durchstarten in die Oberstufe Coachingbuch
8./9. Schulstufe: ISBN 978-3-7058-7406-0

Durchstarten in die Oberstufe Übungsbuch
8./9. Schulstufe: ISBN 978-3-7058-7407-7

Bei Ihrem Buchhändler oder jetzt gleich bestellen:

Rufen Sie einfach an, schicken Sie ein Fax oder ein E-Mail!

Tel. 0043/(0)732/77 64 51/2280, Fax: 0043/(0)732/77 64 51/2239, E-Mail: kundenberatung@veritas.at

VERITAS

www.veritas.at

1. Auflage 2009
ISBN: 978-3-7058-7133-5

187

ÜBUNG

Lies folgenden Text:

Die Dinos sind zurück!

Antje Dohrn

Sandra drückte ihre Freundin mit einer plötzlichen Handbewegung zu Boden und warf sich dann selbst auf den Bauch. Sie flüsterte leise: „Na, sieh dir das an! Und in der Schule erzählen sie uns, die Dinosaurier sind ausgestorben!"
Ihre Freundin Marina starrte mit Schrecken auf das riesige Loch in der Hecke im hinteren Teil des Gartens und stotterte entsetzt: „Ein Dino-Dino-was?"
Sandra robbte sich ein wenig nach vorn, um das massige Tier zwischen den Heckenbüschen besser sehen zu können: „Ein Dinosaurier! Er sieht genauso aus wie der Stacheldinosaurier aus meinem Buch!"
Marina schreckte zusammen: „Geh nicht zu dicht heran, er sieht schon zu uns herüber!"
Aber Sandra war zu aufgeregt über ihre Entdeckung: „Stell dir vor, wir haben einen überlebenden Dino gefunden! Vielleicht ist er erst vor kurzer Zeit aus einem vergessenen Ei geschlüpft und jetzt auf Nahrungssuche!"
Marina krächzte ängstlich zurück: „Auf Nahrungssuche? Sind Stachelsaurier etwa Fleischfresser?"
Sandra schüttelte vorsichtig den Kopf, damit das Tier nicht auf sie aufmerksam wurde: „Nein, es sind Pflanzenfresser und als Schutz vor den Fleischfressern haben sie einen Panzer aus abstehenden Stacheln und Platten an Rücken und Schwanz, siehst du?"
Sie zeigte mit dem Finger in Richtung Hecke.
Marina wurde langsam unruhig: „Was sollen wir tun? Wir können doch nicht den ganzen Tag hier liegen bleiben! Wir müssen die Polizei, den Zoo, einen Tierarzt oder vielleicht den Tierschutzverband benachrichtigen!"
Sie wurde immer lauter.
Sandra legte den Finger an die Lippen: „Pst, jetzt hast du ihn auf uns aufmerksam gemacht!"
Mit einem Sprung war sie in der Hocke und dann auf den Beinen. Marina sprang ebenfalls auf und schrie: „Es kommt direkt auf uns zu und denkt vielleicht, wir sind zwei knusprige Pflänzchen!"
„Jetzt aber nichts wie weg hier", rief Sandra und rannte los wie ein geölter Blitz, „sonst enden wir noch als Mahlzeit eines Dinos, bevor wir wissen, ob es einer ist!"

188 ÜBUNG

Wie, denkst du, sieht der Dinosaurier aus, den die beiden Mädchen sehen? Male in den Rahmen ein Bild von ihm!

189 ÜBUNG

Bitte jemanden aus deiner Familie, dir zuzuhören. Erzähle die Geschichte so, als hättest du sie erlebt. Erfinde noch ein paar spannende Details dazu!

190 ÜBUNG

Die beiden Mädchen sind Freundinnen. Trotzdem sind sie sehr verschieden. Welche Unterschiede sind dir beim Lesen aufgefallen?

1. Sandra ist ______________________

____

____

2. Marina ist ______________________

____

____

3. Wo würdest du zuerst anrufen, wenn du in deinem Garten einen Dinosaurier vermuten würdest? Unterstreiche mit einem Buntstift!

   - im Zoo
   - bei der Polizei
   - bei einer Zeitung
   - in der Schule
   - bei deiner besten Freundin oder bei deinem besten Freund

4. Warum würdest du genau dort anrufen?

____

____

5. Wie kann die Geschichte weitergehen?

____

____

6. Schreibe sie fertig in dein Heft.

Sinnlose Begründungen

Hast du Lust, die Reihe der sinnlosen Begründungen fortzusetzen?

Heute regnet es, weil ich rote Sandalen trage. ▶

Ich trage rote Sandalen, weil ich morgen nicht zur Schule gehe. ▶

Ich gehe morgen nicht zur Schule, weil das Buch 150 Seiten hat. ▶

Das Buch hat 150 Seiten, weil Paul das neue Album von Coldplay gefällt. ▶

Paul gefällt das neue Album von Coldplay, weil Helene jetzt kurze Haare hat. ▶

Helene hat jetzt kurze Haare, weil ______________________________. ▶

____. ▶

____. ▶

____.

MEINUNGEN ÄUSSERN UND BEGRÜNDEN

191 ÜBUNG

Lies folgendes Gespräch zwischen dem Sohn (S) und dem Vater (V) und unterstreiche die Begründungen des Sohnes grün, jene des Vaters blau. Schreibe dann in Stichworten in die rechte Spalte.

S: Papa, ich möchte mir heute Abend die neue Krimiserie „Kidnapped" ansehen.
V: Kommt nicht in Frage. Erstens ist die Sendung für dich zu spät angesetzt und zweitens ist ein Krimi noch nichts für dich.
S: Aber du kennst doch die Serie noch gar nicht und meine Freunde dürfen sie auch sehen.
V: Das stimmt, ich kenne sie auch nicht. Aber es handelt sich bestimmt um keine kindertaugliche Sendung, weil sie so spät angesetzt ist. Wissenschaftler haben bewiesen, dass der Schlaf nach einer aufregenden Sendung viel unruhiger ist.
S: Aber ich bin doch kein Kind mehr und vielleicht ist der Film auch ganz harmlos.
V: Mein Vorschlag: Ich schaue mir heute den Film an und nehme ihn auf. Wenn er nicht brutal ist, schauen wir ihn morgen gemeinsam an.

Wunsch des Sohnes:

____

____

Begründungen des Sohnes:

____

____

____

Meinung des Vaters:

____

____

Begründungen des Vaters:

____

____

____

! Eine Meinung zu äußern und entsprechend zu begründen heißt in der Fachsprache argumentieren.
Je besser wir einem Gesprächspartner gegenüber unsere Meinung begründen, desto eher werden wir diesen von unserem Standpunkt überzeugen können.

IDEEN SAMMELN

192 ÜBUNG

Welches Foto gefällt dir am besten? Begründe möglichst gut, warum es genau dieses ist.

Tipp: Zeige die Fotos einer vertrauten Person (Eltern, Oma, Opa, Freund oder Freundin) und begründe deine Meinung mündlich.

193 ÜBUNG

Schreibe die Titel von drei bis vier Fernsehsendungen auf, die du am liebsten siehst.

1. am allerliebsten: ______________________
2. sehr, sehr gern: ______________________
3. sehr gern: ______________________
4. gern: ______________________
5. Gib nun Gründe an, warum du die auf den ersten Platz gereihte Sendung am liebsten hast.

____

____

____

194 ÜBUNG

Warum? Überlege für dich selbst beziehungsweise frage deine Familienmitglieder. Streiche durch, was nicht stimmt, und vervollständige die Begründungen.

1. Ich gehe gern/nicht gern ins Kino, weil …
2. Meine Oma geht gerne/ungern ins Freibad, weil …
3. Meine Mutter liest gerne/nicht gern Krimis, weil …
4. Ich liebe Mathematik/habe Mathematik nicht so gern, weil …
5. Mein Vater schreibt oft/nie Briefe, weil …

! Noch besser kannst du deine Meinung begründen, wenn du auch noch Beispiele oder Tatsachen bringen kannst, die deine Begründung unterstreichen.

195 ÜBUNG

Im folgenden Beispiel sind die Meinung des Vaters, seine Begründung und die Tatsache, mit der er seine Begründung unterstreicht, in drei verschiedenen Farben gedruckt. Welche Farbe hat

- die Meinung ______________________
- die Begründung ______________________
- das Beispiel/die Tatsache ______________________

Vater: Das stimmt, ich kenne sie auch nicht. Aber es handelt sich bestimmt um keine kindertaugliche Sendung, weil sie so spät angesetzt ist. Wissenschaftler haben bewiesen, dass der Schlaf nach einer aufregenden Sendung viel unruhiger ist.

196 ÜBUNG

Ergänze nun deine Begründung für die allerliebste Fernsehsendung, die du in Übung 193 gegeben hast, indem du ein passendes Beispiel anführst, mit dem du deine Begründung unterstützen kannst.

Beispiel:

Mein Lieblingsfernsehfilm ist „Mr. Bean“, weil er viele dumme Sachen anstellt und alle Leute zum Lachen bringt.
Besonders gefällt mir die Szene, als Mr. Bean aus dem Autoschiebedach herausschaut und jedem „super“ zeigt (Daumen nach oben).
Als er an einer Straßenecke auf einen Motorradrowdy trifft, zeigt dieser ihm den Stinkefinger. Plötzlich wird Mr. Bean mit den Fingern unsicher und er zeigt rundherum den Stinkefinger.

Lukas (11 Jahre)

Schreibe weiter:

_______________________________________ ist meine Lieblingssendung,

weil _______________________________________

Beispiel: _______________________________________

____

____

197 ÜBUNG

Unterstreiche im folgenden Leserbrief wie in der vorhergehenden Übung in drei Farben: Meinung – Begründung – Beispiel oder Tatsache.

Liebes JÖ-Team!
Ich finde euer Heft sehr gut. Könnt ihr einmal einen Bericht über das Klavier und die Klaviermusik bringen? Das würde mich sehr freuen, weil ich selbst schon seit einem Jahr Klavier spiele, und ich möchte wissen, wer eigentlich dieses Instrument erfunden hat und wann.
Liebe Grüße
euer JÖ-Leser Julian

SCHREIBEN

198 ÜBUNG

Zoran und Steffi diskutieren, welche Sportart cooler ist. Nützliche Wörter für das Argumentieren sind allerdings aus dem Text herausgenommen.

a) Setze die Wörter aus dem Kasten passend ein.
b) Unterstreiche die Begründungen der Kinder, warum ihr Sport nicht langweilig ist.

Zoran: Ich verstehe überhaupt nicht, ______________________ du immer reiten gehst – das ist doch echt langweilig!

Steffi: Du hast ja keine Ahnung! Mit Pferden wird es nie langweilig, ______________________ da ist so viel zu tun: füttern, striegeln, bewegen.

Zoran: ______________________ das ist doch immer das Gleiche!

Steffi: ______________________ gar nicht! Die Pferde sind immer anders! Und ______________________ sind ja auch noch andere Mädchen auf dem Reiterhof, nicht nur ich!

Zoran: Ja, und dann redet ihr immer nur über Pferde, stimmt's?

Steffi: Da ________________ du schon ________________, ________________ bei euch im Fußballverein ist das ja genauso! Immer das Gleiche!

Zoran: ______________________ nicht! Nein, bei uns ist es nie fad, ________________ wir sportlich fit sein müssen ________________ wir auch an unserer Taktik arbeiten! Fad wird es nicht, ______________________ wir natürlich nur ein Thema haben: Fußball.

Steffi: Das kann ich mir gar nicht vorstellen. Ihr lauft ja immer nur dem blöden Ball nach.

Zoran: He – was soll das! Das ist ja echt gemein …

außerdem
warum
hast recht
denn
überhaupt
aber
und weil
obwohl
stimmt
aber
weil

199

ÜBUNG

Tipps für junge Zauberer

Verknüpfe jeden Tipp mit einer treffenden Begründung. (Dafür gibt es mehrere Möglichkeiten.) Verbinde anschließend die beiden Sätze mit einem passenden Bindewort aus dem Kasten.

denn *weil* *nämlich* *da*

Führe ähnliche Tricks nicht zu häufig vor.		Wenn das Geheimnis gelüftet ist, ist der Trick angeblich für immer verloren.
Halte einen Abstand von drei Metern zu deinen Zuschauern.		Nur so bleibt deine Vorstellung für das Publikum spannend.
Verrate niemals, wie ein Trick funktioniert.		Bei geringerem Abstand kann das Publikum jede Bewegung genau mitverfolgen.
Führe nur Zaubertricks vor, die du wirklich beherrschst.		Sonst ist die Gefahr zu groß, dass die Zuschauer deine Zauberei rasch durchschauen.

200

ÜBUNG

Judith und Lisa stellen in der Schule ihr Lieblingsbuch vor. Unterstreiche wie in Übung 197 ihre Behauptung, die Begründung und das Beispiel mit unterschiedlichen Farben.

Unser momentanes Lieblingsbuch heißt „Die Wilden Hühner" von Cornelia Funke. Wir finden es sehr lustig und spannend geschrieben. Außerdem handelt es sich um eine richtige Mädchenbande, die immer tolle Einfälle hat.
Am lustigsten finden wir die Szene, als die Bubenbande mit völlig nassem und dreckigem Gewand zu ihnen kommt. Da müssen die Buben die Kleidung der Mädchen anziehen, bis ihre eigenen Sachen wieder trocken sind.

201

ÜBUNG

Stelle nun – ähnlich wie Judith und Lisa in der vorigen Übung – dein gegenwärtiges Lieblingsbuch vor. Benütze dein Heft oder Schreibbuch.

202 **ÜBUNG**

Verfasse einen kurzen Leserbrief oder ein Mail an eine Jugendzeitschrift, wie dir die Zeitschrift gefällt. Du kannst den Text von Julian (Übung 197) als Muster verwenden.

Tipp: Schicke deinen Text auch wirklich ab.

Mail: redaktion@myjoe.at oder h.rothermel@junior.de
Adressen: Redaktion Jungösterreich Zeitschriftenverlag, Matthias-Schmid-Straße 12; 6022 Innsbruck oder Kinderzeitschrift JUNIOR, Dieselstraße 16; 89160 Dornstadt

WEITERE SCHREIBANREGUNGEN

203 **ÜBUNG**

Schreibe für mindestens zwei der folgenden Fragen eine lustige Begründung.

- Warum kann ein Mensch nicht fliegen?
- Warum muss ein Hase nicht in die Schule gehen?
- Warum würdest du jetzt schon gern im Jahr 2050 leben?
- Warum würdest du gern dein eigener Lehrer oder deine eigene Lehrerin sein?
- Warum ist ein Toaster intelligenter als ein Kochtopf?

204 **ÜBUNG**

Schreibe nach dem Muster von Übung 196 einige Zeilen über

- deine Lieblingsband,
- dein liebstes Gesellschaftsspiel,
- deinen besten Freund oder deine beste Freundin,
- deinen liebsten Gegenstand in der Schule.

Bildnachweis

Seite 7:	Rita Dengler und Urlaub auf dem Bauernhof unter www.gschwandnerhof.de
Seite 16, 18:	Purestockx
Seite 25:	Jungbrunnen Verlag, 1985: Llyod Alexander/Mallory und der Zauberer im Baum
Seite 30, 31, 33:	Marshall Cavendish Ltd, 1986: MALER 22 (Pieter Bruegel der Ältere)
Seite 47:	HappyFoto, Freistadt
Seite 60:	Purestockx
Seite 84, 85:	Labbé Verlag, Bergheim
Seite 86:	Team 7, Natürlich Wohnen GmbH, Ried
Seite 92:	picturedesk.com (Warner Bros/courtesy Everett Co/Everett Collection)
Seite 99:	1: Purestockx 2: MEV Verlag 3, 4: Nicola Peherstorfer, Ottensheim
Seite 100:	Ingrid Rathner, Oftering
Seite 130:	Verlag an der Ruhr, 2001: Stücke/Lern- und Konzentrationstraining im 5. und 6. Schuljahr
Seite 154:	1: Berta Leeb, Enns 2: Johann Waser, Linz 3: Project Photos

Alle Ausschnitte mit Zustimmung der VBK/Wien.

Textnachweis

Seite 38:	Hans im Glück: nach: Kinder- und Hausmärchen. Band 1. Gebrüder Grimm 1850. An Neue Rechtschreibung angepasst.
Seite 39, 40:	Die kluge Gretel: nach: Kinder- und Hausmärchen. Band 1. Gebrüder Grimm 1850. An Neue Rechtschreibung angepasst.
Seite 114:	Interview mit Christina Stürmer: www.oe24.at
Seite 123, 124:	Die Welt der Urzeittiere: Ausschnitte aus: JÖ Heft Nr.1/2007, Nr. 10/2007, Nr. 2/2007, Nr. 4/2007. JUNGÖSTERREICH Zeitschriftenverlag, Innsbruck
Seite 133:	Morse-Alphabet: www.oebv4kids.at/schrift/morsealphabet.html
Seite 134, 135:	Ursula Wölfel; Hannes fehlt: Die grauen und die grünen Felder. Beltz & Gelberg, Weinheim 2004
Seite 138:	H. Kletke; Rübezahl als Holzfahrer: Hans Fraungruber (Hg.): Österreichisches Sagenkränzlein. Loewes Verlag, Wien u.a. 1911. An Neue Rechtschreibung angepasst.
Seite 141:	Cosmo Monkhouse, Übersetzung: Nathanael Siering; Limerick – Es ritten drei Damen aus Riga
Seite 141:	Jürgen Tobisch; Limerick – Da gab's einen Burschen in Traun
Seite 142:	Stückenmich und Spinderkiel: aus: Eva Rechlin: Träumereien und Schnurrpfeifereien. Patmos Verlag, Düsseldorf 1968
Seite 143:	James Krüss; Die sonderbare Stadt Tempone: Der wohltemperierte Leierkasten. Bertelsmann Verlag, Gütersloh 1972
Seite 145:	Der Rattenfänger von Hameln: http://gutenberg.spiegel.de/?id=5&xid=3246&kapitel=22&cHash=e0d7ed42a82#gb_found
Seite 147:	Abends schleicht auf leiser Tatze: Das Sprachbastelbuch. Ravensburger Taschenbücher, 1975
Seite 149:	Die Dinos sind zurück!: Antje Dohrn: Mehr Lesekompetenz für mein Kind. Mit Spaß und Spiel Texte besser lesen und verstehen. Urania, Stuttgart 2005
Seite 156:	Liebes JÖ-Team!: aus: JÖ Heft Nr.11/2007/08. JUNGÖSTERREICH Zeitschriftenverlag, Innsbruck